Édité par : Éditions Cobra
18-22, rue des Poissonniers
92200 Neuilly-sur-Seine

Vive le sport !

Textes Gabriel Konqui

Sommaire

Introduction

Si ses premiers champions émergent dès le début du XXe siècle, la France révèle aussi une formidable capacité à enfanter de grandes compétitions internationales.

Longtemps, et peut-être même jusqu'à aujourd'hui, il a été dit que la France n'était pas un pays de culture sportive. C'est à la fois juste et profondément injuste. Juste, parce qu'il a longtemps été reproché aux sportifs français de ne pas cultiver suffisamment l'obsession de la victoire et de se contenter le plus souvent d'une condition de perdants magnifiques. Or, les victoires exhalent un parfum irremplaçable, qui attise comme aucun autre les passions pour un sport ou un athlète. Ce qui a pu, aussi, maintenir quelques sports français dans l'ombre de leurs rivaux, c'est cette forme de réticence culturelle face à l'intrusion de l'argent. Les dirigeants du monde sportif français sont entrés dans le XXe siècle arc-boutés sur l'idée d'un amateurisme qui préserverait la « pureté » du sport, le tenant éloigné d'un argent aux effets prétendument pervers.

Une figure majeure du sport français du début du XXe siècle va prendre la tête de ce courant de pensée. Pierre de Coubertin, baron de son état, a accompagné

la renaissance de l'olympisme moderne en combattant farouchement le concept de sport professionnel apparu en Angleterre dès la deuxième moitié du XIXe siècle. L'Angleterre invente alors beaucoup de jeux dans le sillage de son essor industriel : football, rugby, tennis… Les « grands » sports naissent presque tous sur l'île, qui les codifie et les guide déjà sur la voie de ce que certains qualifieront, plus tard, de « sport-spectacle » ou « sport-business ».

Mais si la France a repoussé longtemps, trop longtemps peut-être, l'alliance officielle du sport et de l'argent, elle va profiter du siècle naissant pour donner vie à des compétitions bientôt légendaires… et lucratives. La contribution majeure du pays à la culture du sport va d'abord se situer dans la création de compétitions, de coupes, de trophées qui donneront une dimension profondément universelle à plusieurs disciplines, à commencer par le football.

La France n'a pas seulement fait renaître de ses cendres l'idéal olympique enfoui sous les décombres de la Grèce antique. C'est *L'Auto*, un quotidien sportif national, qui, dès l'aube du XXe siècle, sera à l'origine de la plus grande course cycliste du monde : le Tour de France. Désormais, le sport deviendra une matière de plus en plus médiatisée.

Durant l'entre-deux-guerres, c'est encore un Français, Jules Rimet qui crée un trophée majestueux : la Coupe du monde de football. La France mettra longtemps avant de la soulever, comme si elle était surtout vouée à trouver les idées lumineuses pour couvrir les autres de gloire.

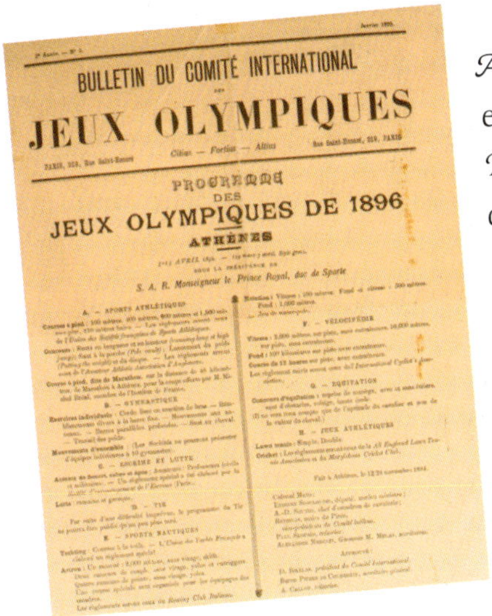

Au lendemain du conflit mondial, d'autres esprits français, ceux des journalistes de *L'Équipe*, vont imaginer ces Coupes d'Europe de football qui mettront des décennies avant de s'offrir à des clubs de l'Hexagone. Il ne faut pas croire pour autant que cette France de 1900 à 1968 a passé sa vie à contempler la grandeur des équipes ou des sportifs étrangers. Dès les premières lueurs du siècle, les idoles des stades pointent le bout de leur nez. Leurs succès, puisqu'il n'a jamais été interdit formellement à un Français de gagner, feront beaucoup pour la popularité de leurs disciplines respectives dans le pays. Le boxeur Georges Carpentier et la tenniswoman Suzanne Lenglen sont deux des immenses champions du début du siècle. Plus tard, ils seront rejoints dans leur panthéon par d'autres idoles du peuple, de Marcel Cerdan à Jean-Claude Killy, en passant par Alain Mimoun, Éric Tabarly, Raymond Kopa ou encore Louison Bobet.

Ainsi donc la France ne restera-t-elle pas seulement spectatrice du bonheur et des exploits de ses rivaux. Elle ne va pas traverser le siècle simplement portée par les idées de quelques passionnés visionnaires. Elle va aussi vibrer au rythme des exploits de ses champions, dont certains écriront de formidables sagas, où l'éruption de bonheur des grandes victoires disparaîtra sous la lave de destins tragiques ou oubliés.

Il n'y a peut-être pas terrain plus fertile que le sport de haut niveau pour engendrer de véritables tourbillons d'émotions et des souvenirs pour la vie. Dans toutes les provinces du pays, sous tous les toits, les Français du début du XXe siècle ont éprouvé, au moins une fois, des sentiments intenses devant un athlète, une équipe, un match ou un tournoi.

La France n'a pas toujours posé une main de fer sur les palmarès d'alors. Mais c'est ici, dans cette tranche du siècle, qu'elle a peut-être admiré ses champions avec le plus de fascination et de reconnaissance.

À l'aube du xxe siècle, le cyclisme est déjà un sport de compétition. La première course classique, le Paris-Rouen, voit le jour dès 1869.

Le cyclisme

Il faut croire que la France est un pays qui se plaît à s'ériger en pionnier. Le vélo y a en effet trouvé une population et un territoire entièrement acquis à l'idée de l'élever au rang de religion.

Bien avant que le Tour ne devienne l'une des plus belles épreuves sportives de la planète, la France accueille les premières courses cyclistes, puisque ce sport a su, dès la seconde moitié du XIXe siècle, s'organiser et proposer des compétitions.
L'apparition de cette discipline, souvent, renvoie au 7 novembre 1869, date de naissance du Paris-Rouen, la première course classique organisée entre deux villes. Le tracé s'étire alors sur 123 kilomètres. L'Anglais James Moore en est le premier vainqueur en 10 heures et 40 minutes – soit une vitesse moyenne de 11,53 km/h, loin, très loin des « fusées » à deux roues actuelles.
À l'image de l'Angleterre, la France assiste alors à un développement dynamique des fédérations et des compétitions cyclistes. Alors que le football et le rugby en sont encore à leurs balbutiements dans le pays, le cyclisme s'impose petit à petit comme un sport-roi.

Une discipline structurée

Les courses classiques de légende se multiplient rapidement avec la création du Bordeaux-Paris (1891) et du Paris-Tours (1896), sans oublier les pavés bientôt mythiques du Paris-Roubaix (1896).
En cette fin de siècle, certains hommes de presse ne tardent pas à saisir la puissance émergente du cyclisme. Le phénomène charrie les passions et, en ces temps de toute

Situé dans le 16e arrondissement de la capitale, le vélodrome du Parc des Princes ne tarda pas à devenir un haut lieu des courses cyclistes françaises.

Le 13 juillet 1906, la sixième édition du Tour de France s'élance du pont Bineau, à Paris. Après 4488 km parcourus, Lucien Petit-Breton reviendra dans la capitale en vainqueur.

Affiche promotionnelle pour Jules Chéret Cycles, en 1906.

puissance de la presse écrite, les récits des exploits des sportifs cyclistes sont de ceux qui peuvent sans aucun doute stimuler les ventes des journaux.

Deux noms se détachent parmi ces visionnaires du sport-spectacle. Il y a, d'abord, Pierre Giffard, rédacteur en chef du *Petit Journal*. À l'origine de la création du Paris-Brest-Paris en 1891, il est aussi le fondateur d'un quotidien aux pages vertes dont le nom ne laisse guère planer de mystères sur son contenu : *Le Vélo*. L'autre figure majeure de l'époque se nomme Henri Desgrange. Ancien coureur, il se reconvertit sans tarder dans le journalisme.

Sur fond d'affaire Dreyfus, ce petit milieu de pionniers va laisser apparaître des divergences. Alors que Giffard soutient le capitaine accusé de trahison, il est du même coup abandonné par la plupart des fabricants de cycles. En réaction, ces barons de l'industrie vont se tourner vers Desgrange et le soutiennent dans le financement, en 1900, d'un quotidien concurrent : *L'Auto-Vélo*.

Trois ans plus tard, à la suite d'un procès intenté par Giffard, ce nouveau titre est forcé d'amputer son nom : le journal devient *L'Auto*. Dans sa rédaction, on trouve un certain Géo Lefèvre. Au tournant du siècle, cet ancien du *Vélo* réfléchit à l'invention d'un événement qui serait encore plus important et plus flamboyant que le Paris-Brest-Paris. Dans son esprit va bientôt germer une idée lumineuse : le Tour de France.

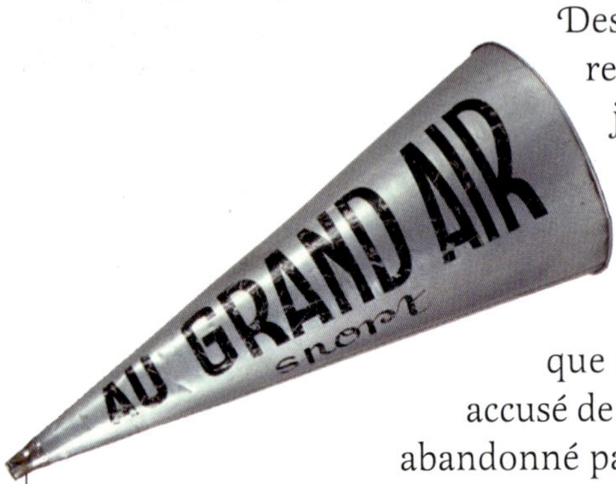

Ce porte-voix de 1920 était utilisé pour annoncer les départs. Le commentateur s'en servait aussi pour informer les coureurs des primes en jeu.

Fondateur du quotidien *L'Auto*, Henri Desgrange est séduit par l'idée d'une grande course cycliste qui attiserait l'intérêt de ses lecteurs pour le vélo. En 1903, le Tour de France est officiellement créé.

La création d'une légende

La Tour Eiffel est encore une adolescente de treize ans quand, non loin à Paris, s'ébauche un autre monument national. Nous sommes le 20 mars 1902, place du Châtelet, dans la brasserie Le Zimmer, temple luxueux de quatre étages où les idées fusent à mesure que s'écoulent les chopes de bière. Géo Lefèvre vend son idée à Henri Desgrange : oui, il faut créer un Tour de France et oui, ce Tour doit devenir un feuilleton qui captivera la foule des lecteurs de *L'Auto*. Desgrange se laisse convaincre. Au fil des mois se dessine une « Grande Boucle » inédite qui se présente déjà comme « la plus grande course cycliste du monde entier » : six étapes – dont un immense Nantes-Paris – sur un tracé de 2 428 km et, pour le vainqueur, une prime de 3 000 francs !

Sous le titre « La Semence », Henri Desgrange écrit dans *L'Auto* du 1er juillet : « Du geste large et puissant que Zola, dans *La Terre*, donne à son laboureur, *L'Auto*, journal d'idées et d'action va lancer à travers la France, dès aujourd'hui, les inconscients et rudes semeurs d'énergie que sont les grands routiers professionnels. »

Des soixante pionniers qui s'élancent alors de Montgeron, Maurice Garin ressort comme le premier vainqueur de l'histoire du Tour après avoir roulé à une vitesse moyenne de 25 km/h. Il finit avec 2 heures 49 minutes d'avance – un record – sur son dauphin, Lucien Pothier, et... 64 heures et 47 minutes sur la « lanterne rouge », Arsène Millocheau. À l'arrivée à Paris, ils n'auront été que vingt et un survivants. L'épreuve, elle, a récolté un beau succès populaire. Un an plus tard, d'ailleurs, le journal *Le Vélo* met la clé sous la porte.

Au même moment, le Tour sera mis un temps en péril par le parfum des scandales : en 1904, des coureurs répandent des clous sur la route, d'autres empruntent des raccourcis et même... le train !

En 1912, l'Italien Vincenzo Borgarello est victime d'une crevaison entre Grenoble et Nice. À cette époque, les coureurs n'avaient droit à aucune assistance.

Au-delà de ces premières incursions dans le monde de la tricherie, le Tour prend une dimension internationale dès ses premières années d'existence. Italiens, Espagnols, Belges et Suisses s'immiscent dans un peloton qui, en ce début de siècle, conserve encore une forte teinte tricolore. En 1909, le premier vainqueur étranger de l'épreuve est un Luxembourgeois, François Faber : il succède à Lucien Petit-Breton, couronné lors des deux Tours précédents sur son vélo conçu par Peugeot.

Ces lunettes protégeaient les coureurs des projections de goudron. Cette paire est celle d'Octave Lapize, vainqueur du Tour de France en 1910.

En 1934, trois ans après un premier succès, Antonin Magne remporte son deuxième Tour de France. Il fut le premier vainqueur d'un contre-la-montre individuel.

En 1910, alors que le Tour emprunte pour la première fois les routes épuisantes de la haute montagne, le Français Octave Lapize s'impose devant François Faber, victime de plusieurs crevaisons le jour de la dernière étape. Troisième homme à monter sur le podium, le Français Gustave Garrigou, seul coureur à avoir escaladé le Tourmalet sans mettre le pied à terre, reçoit une prime spéciale de 100 francs des mains d'un Henri Desgrange comblé par la popularité croissante du Tour : le tirage de *L'Auto* a doublé durant les deux dernières années ; il atteint désormais les 300 000 exemplaires.

Neuf ans plus tard, une étape est franchie dans l'identification entre la course et le quotidien sportif. Le 11 juillet 1919, Eugène Christophe s'élance de Grenoble avec un maillot jaune sur les épaules. Ce sera désormais la couleur de la tunique du leader au classement général, la même que celle des pages de *L'Auto*. Jaune aussi, comme la couleur centrale du drapeau belge, qui salue la victoire de Firmin Lambot à l'issue d'une Boucle marquée par les malheurs d'Eugène Christophe. Leader au soir de la quatrième étape entre Brest et les Sables d'Olonne, le coureur français casse sa fourche dans un faubourg de Valenciennes lors de la 14e et avant-dernière étape. Alors

Gustave Garrigou remporte son premier et unique Tour de France en 1911. La même année, le natif de Vabre-Tizac, dans l'Aveyron, remporte aussi la classique Milan-San Remo.

Benjamin d'une famille de grands coureurs – dont Henri, vainqueur de la Grande Boucle en 1923 –, Charles Pélissier remporta seize étapes du Tour de France, dont la moitié lors de l'édition de 1930.

qu'il s'appuyait sur une avance de 30 minutes sur son premier poursuivant au classement, le « Vieux Gaulois », contraint de réparer lui-même sa machine, perd 1 heure et 10 minutes ! On ne badine pas avec le règlement : pas moins de trois juges s'assurent que Christophe ne reçoit aucune aide extérieure… Le lendemain, Lambot défile dans Paris avec le maillot jaune, mais Christophe, troisième au classement final, sera accueilli en héros dans les rues de la capitale. *L'Auto* lancera même une souscription pour récompenser ce coureur poursuivi par la malchance, puisqu'en 1913, il avait cassé sa fourche (déjà…) après avoir été renversé par une voiture ; il avait dû ensuite parcourir 15 km avec son vélo sur l'épaule pour trouver de l'aide auprès d'un forgeron pyrénéen de Sainte-Marie-de-Campan !

Changements et adulation

Après douze ans de suprématie belge de 1910 à 1922 – disputé en 1914, le Tour ne reprendra que cinq ans plus tard, après la Grande Guerre – un Français, Henri Pélissier, se hisse à nouveau sur la plus haute marche du podium en 1923. Dans les années 1920, le Tour se retrouve envenimé par des dissensions de plus en plus acérées entre les organisateurs et les équipes des marques. De ce fait, à partir de 1930, les équipes nationales sont imposées au départ du Tour. Cette 24e édition rassemblant cent coureurs prend l'allure d'une Coupe du monde du vélo. La nouvelle formule de l'épreuve réussit manifestement à l'équipe de France, qui place cinq de ses représentants dans les dix premiers ! Parmi eux, André Leducq s'empare du maillot jaune à Luchon dès la 9e étape. Il ne le quittera plus jusqu'à Paris, malgré une chute dans la descente du Galibier qui lui vaut une blessure au genou. Mais l'autre héros tricolore est un certain Charles Pélissier, vainqueur de huit des vingt et une étapes, dont les quatre dernières. Il se classe également sept fois deuxième et dix-huit fois parmi les trois premiers ! À l'aube des années 1930, le Tour de France demeure, et de loin, l'événement sportif le plus populaire du pays. La répartition des équipes par pays exacerbe les sentiments patriotiques. Partout, les foules de juillet se pressent le long des routes pour acclamer leurs héros sur deux roues. Signe de l'ampleur de phénomène : c'est en 1930 qu'apparaît la caravane publicitaire dans le sillage de la course. À la même époque, les radios commencent à commenter l'épreuve.

Ce vélo est celui de Lucien Mazan, qui remporta le Tour de France en 1907 et 1908.

De plus en plus adulé, le Tour est aussi de plus en plus rapide. En 1934, année de la victoire du Français Antonin Magne, la Grande Boucle est avalée pour la première fois par son vainqueur à une vitesse moyenne supérieure à 30 km/h : exactement 31,233 km/h. Deux ans après, Henri Desgrange, malade, transmet la responsabilité de la course à Jacques Goddet, le directeur de *L'Auto*. Avant son retrait, Desgrange a néanmoins consenti à quelques innovations comme la création, en 1933, d'un prix du meilleur grimpeur et d'une portion d'étape en contre-la-montre. Ayant un esprit plus progressiste, Goddet va chercher à aller plus loin sur le terrain des moyens techniques offerts aux coureurs. Mais cette évolution sera d'abord freinée par l'interruption due à de la Seconde Guerre mondiale.

L'Ardennais Jean Robic remporta le Tour de France 1947 sans avoir porté une seule fois le maillot jaune avant l'arrivée à Paris. Trois ans plus tard, il finira vainqueur du premier championnat du monde de cyclo-cross.

Tour après tour

Remporté par le Belge Sylvère Maes en 1939, la reine des épreuves cyclistes ne revoit le jour que huit années plus tard, en 1947, dans un pays heureux de retrouver son amour de juillet. Pour la première fois, une étape se déroule entièrement à l'étranger, entre Bruxelles et Luxembourg. Cette première Boucle depuis la Libération consacre un Français, Jean Robic, lors de l'arrivée ultime au Parc des Princes. Avant le départ de l'épreuve, le Breton avait promis à sa jeune épouse : « Je n'ai pas de dot, mais je t'offrirai le premier prix du Tour ! » Quant au prometteur Louison Bobet, qui débute âgé de vingt-deux ans au sein de l'équipe nationale, il abandonnera dans les Alpes.

En plein cœur du XXe siècle, le Tour devient une affaire italienne. C'est l'époque de la brûlante rivalité entre deux coureurs de légende issus de la Botte, Gino Bartali, vainqueur en 1948, et Fausto Coppi, qui va lui succéder l'été suivant. En cette année 1949, le discours présomptueux de Robic, qui clame avant le départ qu'il domptera les Italiens, et le soutien des spectateurs aux coureurs français pendant les étapes de montagne transformeront cette 34e Grande Boucle en un affrontement franco-italien très pimenté. Sur ce Tour qui, pour la première fois, arpente l'Italie et l'Espagne, des coups seront même échangés sur le bord des routes ! À l'arrivée à Paris, Fausto Coppi triomphe et signe alors un prodigieux doublé, remportant le Tour d'Italie et le Tour de France, exploit qu'il rééditera trois ans plus tard.

Nous voici en 1952, donc. Du jamais vu sur le Tour : trois arrivées en montagne ont été inscrites au programme. Un an plus tôt, les coureurs avaient étrenné une ascension, celle du mont Ventoux, qui ne tarderait pas à devenir une mythe. Cette fois, on leur propose, au bout de montées éreintantes, trois nuits en altitude à l'Alpe d'Huez, à Sestrières et au Puy-de-Dôme. Toujours plus exigeant avec le corps des coureurs, le Tour voit se profiler lentement mais sûrement l'ombre venimeuse du dopage... Il n'empêche : le tracé établi en 1952 propose un sublime spectacle sur les sommets. Tout

Surnommé « L'Ange de la montagne », le Luxembourgeois Charly Gaul se lance à l'assaut de l'étape mythique du mont Ventoux en 1958. Il remporta le Tour de France cette année-là.

un pays s'en délecte car le Tour de France est diffusé, cette année-là, à la télévision. Les commentaires de Georges de Caunes vont alors relayer auprès du grand public la grandeur d'un champion à son apogée. Fausto Coppi, encore lui, glane un nouveau Tour après avoir franchi en vainqueur la ligne des trois fameuses arrivées en montagne !
La star italienne ne remportera plus jamais la plus grande course cycliste de la planète. Cinq années d'affilée, Paris va acclamer des champions français. À commencer par l'idole du peuple, Louison Bobet, vainqueur de 1953 à 1955. En 1956, Roger Walkowiak, un ancien ouvrier d'usine, devient le premier vainqueur à avoir roulé à une moyenne supérieure à 35 km/h (36,268 km/h). L'année suivante, son successeur au palmarès se révélera moins véloce, mais sa victoire sera l'ébauche d'une carrière époustouflante. L'homme qui triomphe en 1957 est un certain Jacques Anquetil. Quelques années plus tard, il s'ouvrira les portes du Panthéon du vélo en devenant, au fil de ses conquêtes, le premier coureur à remporter cinq fois la Grande Boucle.

Les idoles des Français

Monumental Jacques Anquetil, véritable Hercule du Tour : en 1961, l'année de son deuxième titre, il clame son ambition de porter le maillot jaune de la première à la dernière étape. Le champion relève ce défi, même si le public y percevra une forme d'arrogance : à son arrivée au Parc des Princes, il sera même accueilli par des

Bouteille datant de 1950 représentant un cycliste.

En 1937, le départ du 31e Tour de France est donné au cœur de la capitale, rue Royale, aux pieds de l'église de la Madeleine. Ce Tour sera remporté par le Français Roger Lapébie.

Légende française du xxe siècle, Jacques Anquetil remporta en 1957 son cinquième Grand Prix des Nations au Parc des Princes. « Maître Jacques » sera également vainqueur cinq fois entre 1957 et 1964.

huées. L'homme avait le sens de l'ironie : quelques années plus tard, il nommera son bateau « Sifflets »...

Mais au-delà des sentiments partagés qu'il suscite parmi l'opinion, Anquetil marque le début des années 1960 d'une empreinte de géant. De 1961 à 1964, il monopolise les victoires du Tour, comme un scénario qui bégayerait son épilogue : à la fin, c'est toujours Maître Jacques qui sourit. Son dernier succès, en 1964, s'inscrit dans ce qui a souvent été considéré comme le plus beau Tour de tous les temps. Cette 51e édition de la Grande Boucle – autorisant, pour la première fois, l'échange de vélos – va symboliser à jamais le duel épique que se livrent les deux plus grands cyclistes français de l'époque. Anquetil, le Normand, d'un côté. Et, de l'autre, Raymond Poulidor, le Limousin.

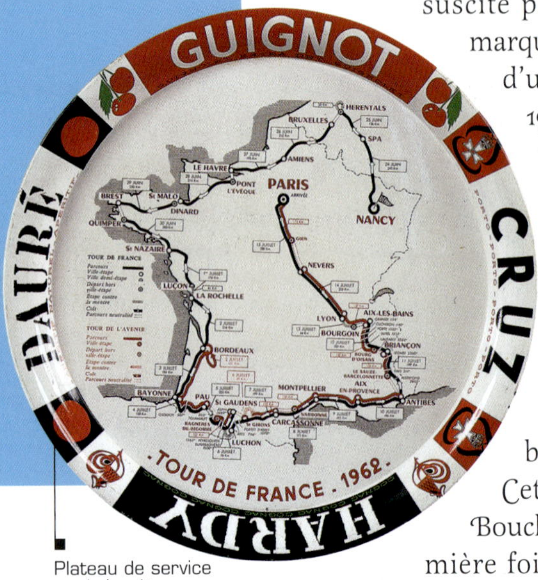

Plateau de service orné des étapes du Tour de France.

En conservant le maillot jaune plus d'une semaine, un autre Français, Georges Groussard, se fit une petite place sous les lumières du Tour. Mais il était écrit que l'affaire se dénouerait entre grands. Au terme d'une 28e étape de légende entre Brive et le Puy-de-Dôme, Raymond Poulidor, porté par une foule en liesse, reprend cinquante secondes sur son rival à deux jours de l'arrivée à Paris. Il aurait pu en reprendre plus si seulement il avait possédé les bons braquets sur son vélo. Jamais « Poupou », l'éternel chouchou du public, n'a alors caressé d'aussi près le maillot jaune. Lors de la dernière étape, à moins de cinq kilomètres de l'arrivée, la

En 1963, Raymond Poulidor (à gauche) sera deuxième au classement des meilleurs grimpeurs. En quatorze participations, il ne remportera jamais la Grande Boucle, finissant deuxième en 1964, 1965 et 1974.

France est tenue en haleine par l'ahurissant suspense qui escorte le duel des deux idoles nationales. Alors que Poulidor grapille les maigres secondes qui le séparent d'un moment d'éternité, Anquetil trouve les ressources pour arracher de furieux coups de pédale qui vont lui permettre de réaffirmer in extremis son hégémonie. Au final, il s'impose avec 55 secondes d'avance au classement général sur un Poulidor qui, jamais au cours de sa carrière, ne revêtira, ne serait-ce qu'une seule journée, le mythique maillot jaune...

Deux fois encore, le Parc des Princes saluera le triomphe d'un vainqueur français : Lucien Aimar. Le protégé d'Anquetil s'impose en 1966, un an avant Roger Pingeon, coéquipier de Poulidor. Surnommé l'Échassier du fait de son gabarit (1,84 m pour 72 kg), Pingeon est le dernier coureur à lever les bras en signe de victoire sur le vélodrome d'un Parc des Princes appelé à se muer en stade de football. L'année suivant, le Tour s'achèvera à Vincennes. Cette édition 1967 laissera à beaucoup le souvenir de la mort du coureur britannique, Tom Simpson, sur les pentes du mont Ventoux. Un drame qui fait planer un peu plus le spectre du dopage. Désormais, il devient difficile pour les coureurs de manifester contre les contrôles anti-dopage qui font leur apparition. Le Tour frappe à la porte d'une ère moderne. Entre l'immensité des émotions et le poison des suspicions.

Figurine représentant la voiture-balai du Tour de France de 1969.

En 1964, des coureurs se ravitaillent seuls au départ d'une étape entre Toulon et Montpellier. Le ravitaillement en course sera autorisé quelques années plus tard.

Longtemps, les ballons ont été des morceaux de cuir assemblés. À partir de 1937, d'autres matières sont autorisées. Le ballon doit posséder une circonférence d'environ 70 cm et un poids situé entre 410 g et 450 g.

Le football

On pourrait affirmer que les Bleus sont nés le 1er mai 1904, dans la banlieue de Bruxelles, le jour de la première Coupe franco-belge. Pourtant, un détail laisse planer le doute...

TOUT SIMPLEMENT parce que la première équipe de France de l'Histoire a été baptisée contre la Belgique sous un maillot... blanc. Partis la veille du match, à 23h, de la gare du Nord, les premiers internationaux français débarquent à Bruxelles au petit matin et se rendent sur le terrain du Royal Racing Club, à Uccle, pour affronter l'équipe de Belgique sous le regard de 1500 spectateurs et du prince Albert, futur roi des Belges. Alors que la Belgique ouvre le score dès la 7e minute, les Français – en la personne de Louis Mesnier alias « Didi » – égalisent cinq minutes plus tard, à 17h07. C'est sous ce surnom que le premier buteur de l'histoire de l'équipe de France apparaît dans les comptes rendus de l'époque afin d'éviter de le mettre en porte-à-faux vis-à-vis de son employeur qui ne l'avait pas autorisé à se déplacer à Bruxelles... Au coup de sifflet final, les Français arrachent aux Belges un match nul (3-3) riche de promesses.

Au printemps 1940, des joueurs se préparent dans le vestiaire d'un stade parisien. Malgré la guerre, les matchs de football sont organisés normalement.

Au début des années 1900, le football français est pratiqué par des amateurs initiés par des Anglais. L'équipe de France dispute son premier match en 1904.

Les débuts d'une équipe

Quelques mois plus tard, le 12 février 1905, le vélodrome du Parc des Princes, construit en 1897, est choisi pour accueillir la première rencontre à domicile de l'équipe nationale. Devant 500 supporters, la sélection française, qui évolue encore en blanc, remporte la première victoire (1-0) de sa jeune existence sur un but de Gaston Cyprès, le joueur du FC Paris, déjà buteur contre la Belgique l'année précédente.

Malheureusement, il ne convient pas de déceler dans ce succès le préambule d'un roman glorieux pour l'équipe de France. Les temps qui suivent sont ceux de terribles déroutes contre la Belgique (0-7) le 7 mai 1905 et surtout contre l'Angleterre qui inflige aux Français un humiliant 15-0 le 1er novembre 1906, dans ce même Parc des Princes ! Mais la défaite la plus large sera infligée aux Tricolores par les Danois le 22 octobre 1908 lors des Jeux Olympiques de Londres : 17-1, dont dix buts d'un même joueur, Sophus Nielsen...

Affiche de la première Coupe du monde de football en Uruguay, en 1930.

L'hémorragie s'interrompt dans les années 1910 notamment avec de belles victoires contre l'Italie (1-0) à Saint-Ouen, le 12 janvier 1913 ; mais aussi à Turin (4-3), un an plus tôt. Ce succès trouvera un écho, sept ans plus tard, lors des Jeux d'Anvers qui voient à nouveau les Français battre leurs voisins de la Botte (3-1). Un des buts est inscrit par Paul Nicolas, l'un des plus grands joueurs français d'avant-guerre, futur sélectionneur des Tricolores lors de la Coupe du monde de 1958. Pour l'anecdote, la France ne domptera plus l'Italie avant 1982...

Pendant dix ans, l'équipe de France ne fut visible qu'à Paris et dans sa proche banlieue : Colombes, Gentilly, Charenton ou encore Saint-Ouen. Jusqu'à ce 26 janvier 1914 où, devant les 4 813 spectateurs ayant envahi les tribunes du stade olympique, l'équipe nationale dispute à Lille son premier match en province. Une décentralisation réussie. Les coéquipiers de Pierre Chayriguès, le grand gardien de l'époque, s'imposent 4-3 contre la Belgique.

Quatre mois après cette victoire, la France s'incline en Hongrie (1-5) au bout d'un match qui marque sa dernière sortie avant le déclenchement de la Première Guerre mondiale.

En 1930, l'Uruguay remporte à domicile la première Coupe du monde de l'Histoire en battant l'Argentine en finale (4-2). L'équipe de France est éliminée au premier tour.

Comme les autres, les jeunes footballeurs internationaux sont appelés sous les drapeaux, dans les tranchées. Une douzaine des 123 joueurs qui avaient porté le maillot de la sélection entre 1904 et 1914 y laisse la vie.

Pourtant, pendant ces années de sang, le football continue à attiser sa flamme naissante. Dans certaines provinces, les enfants découvrent le jeu en observant les soldats anglais pendant leurs moments de détente.

Le 11 novembre 1954 à Colombes, l'équipe de France accueille la Belgique (2-2). Raymond Kopaszewki (en bas, au centre) inscrit les deux buts des Bleus. Au total, Kopa marquera 18 buts en 45 sélections.

Entre JO et Coupe du monde

Après cinq années sans match officiel, l'équipe de France s'extirpe du tunnel de la guerre le 9 mars 1919, à l'occasion d'une confrontation amicale en Belgique (2-2). Pour le football français s'ouvre alors une ère nouvelle. Celle d'un glissement vers le professionnalisme. Celle, également, des premières compétitions internationales, aux jeux Olympiques d'abord, mais aussi et surtout à l'émergente Coupe du monde.
En 1924, les jeux Olympiques de Paris livrent ainsi les prémices du futur Mondial. Au cours de ces Olympiades, la France affronte pour la première fois une nation non-européenne. Cela se soldera par une mauvaise expérience : l'Uruguay écrase les coéquipiers d'un Jean Nicolas qui sauve tout juste l'honneur (5-1) devant le public du stade de Colombes - nouveau lieu situé à deux pas de Paris.

Sous le regard du fondateur de la compétition Jules Rimet (à gauche), le président de la République Albert Lebrun salue les joueurs lors de la Coupe du monde de 1938 organisée en France.

Le 29 juin 1958, le Brésil remporte la première de ses cinq Coupes du monde en triomphant en finale face à la Suède (5-2), l'hôte du tournoi. Deux des buts brésiliens sont l'œuvre d'un certain Pelé, un jeune attaquant âgé de 17 ans.

L'Uruguay, c'est la terre où se rend, en 1930, l'équipe de France, avec douze autres sélections nationales. Après trois semaines de traversée en paquebot, entre Villefranche-sur-Mer et Montevideo, l'équipe de France est prête à participer à la première Coupe du monde de l'Histoire. À bord du Ponte Verde, les Français côtoient les internationaux roumains, belges et brésiliens !
Créée par deux dirigeants français, Jules Rimet - qui donnera son nom au trophée - et Henri Delaunay, la Coupe du monde rappelle, trente-quatre ans après la renaissance des Jeux sous l'égide de Pierre de Coubertin, la créativité française sur le terrain des compétitions internationales.
Président de la FIFA, Jules Rimet confie ce Mondial à l'Uruguay, au titre des bonnes relations entre la France et ce pays d'Amérique du Sud, qui célèbre alors le centenaire de son indépendance. Avec la Belgique, la Roumanie et la Yougoslavie, la France est l'une des quatre ambassadrices européennes présentes en Uruguay. Le 13 juillet à Pocitos, en plein hiver de l'hémisphère Sud, la France a l'honneur de jouer face au Mexique le match d'ouverture de ce premier « Campeonato Mundial de Football ». À la 19e minute, un joueur au maillot frappé du Coq, Lucien Laurent, inscrit le premier but de l'histoire de la Coupe du monde sous les yeux de Jules Rimet et sous... des rafales de neige ! La France s'impose finalement 4-1. La suite souria moins aux coéquipiers d'Étienne Mattler : deux défaites contre l'Argentine

(0-1) et le Chili (0-1) privent la France d'un accès aux demi-finales d'un tournoi finalement remporté par l'Uruguay.
Quatre ans plus tard, la deuxième Coupe du monde est organisée par une Italie sous la coupe du fascisme. Le 10 mai 1934, lors d'un match de préparation, l'équipe de France réalise un exploit retentissant, au stade olympique d'Amsterdam. Menés 0-3 après 12 minutes de jeu, les Tricolores parviennent à opérer un ahurissant renversement de situation pour dompter finalement les Hollandais (5-4), notamment grâce à trois buts de Jean Nicolas !
Le 27 mai, à Turin, dans le stade... Mussolini, la France défie la grande équipe d'Autriche, surnommée la « Wunderteam ». Jean Nicolas, ce grand buteur de l'entre-deux-guerres, va encore marquer lors de l'entrée en lice des Français dans le Mondial. Mais l'attaquant de Rouen se blesse à la tête, laissant son équipe à dix joueurs contre onze, puisque les remplacements ne sont alors pas encore autorisés. L'Autriche égalise juste avant la mi-temps, puis croque finalement la France pendant la prolongation (3-2). Dès son premier match, la France dit *ciao* au « Mundiale », organisé, cette fois, sur le mode de l'élimination directe. Comme en 1930 avec l'Uruguay, les Français observent en spectateurs le pays hôte, l'Italie, remporter « sa » Coupe du monde.
Jamais deux sans trois ? Lorsque la France est désignée pour accueillir la troisième Coupe du monde en 1938, un vent d'optimisme balaie l'Hexagone. Et si les Français,

Collection d'écussons de différentes équipes de football.

Le 27 mai 1934, à Milan, la Suisse bat les Pays-Bas (3-2) en 8e de finale du deuxième Mondial de l'Histoire, organisé par l'Italie.

Un ballon de football de 1940.

En 1942, au cœur de la guerre, les footballeurs continuent de s'entraîner. Cette année-là, le Red Star, l'équipe de Saint-Ouen, remporte la Coupe de France tandis que le Championnat de France est divisé en deux poules : « Zone occupée » au nord et « Zone libre » au sud.

installés pendant leur préparation dans un hôtel de luxe à Chantilly, soulevaient, à leur tour, « leur » Coupe ? À l'Hostellerie du Grand Cerf, les internationaux sont scrutés – déjà – par des admiratrices. Ils reçoivent la visite de Jean Gabin, alors sur le tournage de *La Bête humaine*, le film de Jean Renoir. Ils croisent aussi une jeune actrice du nom de Danièle Darrieux.

Cette France de 1938 est celle de Julien Darui, d'Étienne Mattler, d'Edmond Delfour, mais aussi de Raoul Diagne, premier joueur de couloir à porter le maillot de l'équipe nationale. Idole de Joséphine Baker, ce fils d'un secrétaire d'État aux colonies avait pour habitude, à la mi-temps de chaque match, de se cacher dans les toilettes pour... griller une cigarette !

Le 5 juin, à Colombes, la France bat la Belgique (3-1), en huitièmes de finale. C'est la deuxième victoire des Tricolores en Coupe du monde après le succès face au Mexique, en 1930. Une troisième occasion ne se représentera pas de sitôt. Une semaine plus tard, toujours à Colombes, 58 455 spectateurs assistent à l'échec des Français, en quart de finale, face aux champions en titre. Les invincibles Italiens (1-3) conserveront, jusqu'au bout du tournoi, leur couronne mondiale sous un maillot noir qui, à sa manière, annonce les heures sombres d'une nouvelle guerre en Europe...

Les années qui suivent la Libération sont parsemées de quelques moments forts : un match à Glasgow, en 1949, perdu contre l'Écosse (0-2) devant 125 631 spectateurs (un record !) ; une première rencontre en nocturne, trois ans plus tard, face à la Suède (0-1) sous les projecteurs du Parc des Princes ; l'ultime sélection, en 1954, contre l'Allemagne, de la « Perle noire » : Larbi Ben

Barek. Dribbleur élégant doté d'un puissant jeu de tête, ce Marocain est appelé en équipe de France à l'époque où le royaume chérifien se trouve encore sous protectorat français. Ce joueur, qui passa deux fois par l'Olympique de Marseille, fait preuve d'une classe éblouissante sur les terrains. Pelé dira même de lui : « Si je suis le roi du football, alors Ben Barek en est le Dieu. »
Mais Ben Barek ne croisera pas Pelé, en 1958, lors de la Coupe du monde contrairement à Raymond Kopa, son successeur dans les cœurs. Ce fils de mineur polonais, né au pied des terrils de Nœux-les-Mines, sera longtemps considéré comme le meilleur joueur français de tous les temps. Dribbleur, passeur et buteur, cet attaquant héritera du surnom de « Napoléon du football », donné par un journaliste anglais. Il recevra le prestigieux Ballon d'Or France Football en 1958, l'année de sa victoire en Coupe d'Europe avec le Real Madrid et de sa troisième place à la Coupe du monde avec les Bleus.

Le 25 juin 1966, le Brésil du « Roi » Pelé est à Glasgow pour préparer face à l'Écosse la Coupe du monde qui débutera peu après en Angleterre. Vainqueurs en 1958 et en 1962, les Auriverde ne franchiront toutefois pas le premier tour.

Marocain de naissance, Larbi Ben Barek surnommé « La Perle noire » fut sélectionné dix-neuf fois en équipe de France, il passa deux fois par l'OM (de 1938 à 1939 et de 1953 à 1955) et remporta deux titres de champion d'Espagne avec l'Atletico Madrid (1950 et 1951).

Nous voici donc en 1958. Les Bleus sont en Suède pour la phase finale de la 6e Coupe du monde. Cette équipe entraînée par Albert Batteux a tout pour elle lorsqu'elle débarque en Scandinavie, et notamment une formidable génération d'attaquants : outre Kopa, on trouve Roger Piantoni, Jean Vincent, Maryan Wisnieski et un certain Just Fontaine. Cette ligne offensive est à l'œuvre dès le premier match des Bleus dans la compétition contre le Paraguay (7-3), avec un triplé de Fontaine au passage.
Après une courte défaite face aux Yougoslaves (2-3), la France reprend sa marche en avant face à l'Écosse (2-1), avec un lumineux Kopa à la manœuvre. Voilà les Bleus extirpés du premier tour. Place

Pendant la guerre, certains matchs opposent parfois des sélections régionales. Ici, en juin 1944, à Paris, une rencontre entre l'équipe de Guyenne-Gascogne et celle d'Ile-de-France.

Les yeux rivés sur le ballon, Just Fontaine honore l'une de ses 21 sélections en équipe de France. Avec ses 13 buts en Suède en 1958, il demeure à ce jour le recordman des buts en phase finale de Coupe du monde. Il en inscrira 30 au total sous le maillot frappé du Coq.

maintenant à l'Irlande du Nord en quart de finale. C'est une rencontre que les Français vont dominer de la tête, des épaules et des deux pieds. « Justo » Fontaine ajoute deux buts à sa collection alors que la France, menant 4-0, s'ouvre les voies d'une demi-finale passionnante contre un géant émergent : le Brésil.

Nous sommes le 24 juin 1958, à Stockholm, au Rasunda Stadion. Pour la première fois, la France s'immisce dans le dernier carré du plus grand tournoi du monde. Dans l'Hexagone, on suit le parcours des Bleus avec un engouement jamais vu auparavant. Bientôt, au pays, on parlera des « héros de Suède ». Mais c'est un monstre que la France va devoir affronter en demi-finale : le Brésil de Didi, Garrincha, Vava et de... Pelé, un prodige de dix-sept ans à peine.

Les chaussures de football de Jose Leandro Andrade en 1930.

Dès la 2e minute, Vava ouvre le score pour la Seleçao. Heureusement, Fontaine est là pour égaliser peu après. La France réalise une première mi-temps haut de gamme, rivalisant avec la technique des Auriverde. Mais la blessure de Robert Jonquet affaiblit les Bleus et permet aux Brésiliens de devenir les maîtres du match par la grâce rafraîchissante de Pelé, auteur de trois buts. La France chute face aux futurs champions du monde (2-5). Tombeurs des Allemands (6-3) quelques jours plus tard, les Bleus conquièrent la troisième place d'un tournoi dont Just Fontaine finit meilleur buteur avec 13 réalisations. Un record qui ne sera jamais égalé.

Pour le natif de Marrakech, l'exploit est tombé du ciel : sans la blessure de René Bliard, il n'aurait probablement pas été aligné en attaque aux côtés de Kopa et de Piantoni. Une grave blessure à la jambe l'obligera toutefois à interrompre sa carrière à vingt-neuf ans seulement ; mais « Justo » aura suffisamment sévi pour époustoufler les statisticiens : 30 buts en 21 sélections entre 1953 et 1962, 165 buts en 200 matchs de première division sous les maillots de Nice (1953-1956) et du Stade de Reims (1956-1962). Des buts des deux pieds et de la tête, aussi, ce qui lui fera dire un jour en riant : « Je saute si haut pour reprendre le ballon de la tête que lorsque je redescends, j'ai de la neige dans les cheveux ! »

Les Bleus, eux, retombent brutalement de leur nuage suédois. Les dix années qui suivent sont une longue traversée du désert. La Coupe du monde 1966 en Angleterre dessine une brève éclaircie : une équipe de France sans éclat est éliminée dès le premier tour. L'année 1968 s'achève sur une défaite à Strasbourg contre la modeste Norvège (0-1), brisant ses espoirs de participer au Mondial 1970. En 1968, le football français aussi aurait bien besoin d'une petite révolution…

Le 12 juin 1938, à Colombes, les Bleus cèdent face à l'Italie (1-3), en quart de finale de la Coupe du monde. Silvio Piola, le grand attaquant transalpin, inscrit deux buts pour la Squadra Azzura.

Le 29 mai 1955, Lille bat Bordeaux (5-2) en finale de la Coupe de France. Ce jour-là, l'international français Jean Vincent est l'un des buteurs de l'équipe nordiste.

La future Vieille Dame

À l'aube du XXe siècle, le football français se conjugue sur un mode régional. Il manque encore à ce sport importé d'Angleterre l'épreuve nationale qui viendrait asseoir sa popularité dans tout le pays. Les Anglais, bien sûr, ont déjà franchi ce cap. Ce sont eux qui, en 1871, ont créé la Cup, la première compétition de football organisée depuis la naissance de ce sport.

Le samedi 19 avril 1902, un jeune joueur amateur parisien de dix-huit ans, Henri Delaunay, assiste à Londres à la finale de la Cup entre Sheffield United et Southampton. L'adolescent français est conquis par le spectacle et par la ferveur qui l'entoure. En traversant la Manche pour revenir à Paris, il s'imprègne d'une conviction qui ne le quittera plus : « Il nous faut la même chose en France : une compétition nationale impliquant tous les clubs, avec élimination directe. »

Delaunay est un joueur de l'Étoile des Deux Lacs, un club parisien présidé par Charles Simon. Avant de tomber au front en 1915, ce dernier aide Delaunay à inventer le trophée national qui manque encore au football de France. L'Histoire ne reculera plus : le premier tour de cette première Coupe a lieu le dimanche 7 octobre 1917, sous le parrainage du journal *Lectures pour tous.*

Quarante-huit équipes pionnières – dont l'Olympique de Marseille et l'AJ Auxerre – participent à la Coupe Charles-Simon, baptisée en hommage au dirigeant disparu. Le 5 mai 1918, la finale se dispute dans le 15e arrondissement de Paris, rue Olivier-de-Serres. L'Olympique de Pantin, tombeur du

FC Lyon (3-0), devient la première équipe à soulever la Coupe, sous les yeux de 2000 spectateurs réjouis.
Les premières éditions consacrent le football francilien : quatre Coupes sont remportées par le Red Star et trois par le CA Paris. Cette hégémonie sera contestée par Marseille qui remporte les coupes de 1924, 1926 et 1927. Ce partage des titres entre Paris et Marseille se vérifie encore dans les années qui précèdent la guerre, à une époque où le football français vient de basculer dans le professionnalisme.
La Coupe de France, déjà, est entrée dans le patrimoine national. En 1927, l'année où l'OM bat l'US Quevilly (3-0) en finale, le président de la République se déplace à Colombes pour remettre le trophée à Ernest Clère, le capitaine des vainqueurs. Le geste de Gaston Doumergue initie alors ce lien symbolique entre la doyenne des compétitions footballistiques et le chef de l'État. Ce protocole ne sera mis en veilleuse que lors des cinq éditions organisées pendant la Seconde Guerre mondiale.
Alors que le Tour de France enflamme les foules durant l'été, la Coupe devient l'autre chouchou du public français. Cet attachement puise notamment dans ces petites histoires qui, année après année, tissent la légende d'une compétition très vite populaire. Il y a, par exemple, cet incident cocasse en 1927 lors d'un match entre Nice et le SC Victor Hugo, un club marseillais. L'un des dirigeants du SCVH officie comme juge de touche, conformément à l'usage. Subitement, il sort de ses gonds et court sur le terrain pour frapper Édouard Crut... Et l'attaquant niçois de répliquer par un coup de pied aux fesses du fougueux dirigeant. Électrisé par cette scène surréaliste, le public envahit le terrain dans une atmosphère de pugilat général...
Mais la Coupe ne se résume pas à des coups de poings. C'est bien souvent une histoire de sourires. Comme en 1938 lorsque, dans la

Le 22 mai 1943, Marseille écrase au Parc des Princes les Girondins ASP (4-0) en finale de la Coupe de France. L'OM conquiert alors ce trophée pour la sixième fois.

Le 3 mai 1936 à Colombes, le Racing Club de Paris en maillot rayé bleu et blanc s'apprête à inscrire pour la première fois son nom au palmarès de la Coupe face au FCO Charleville. Les Parisiens s'imposent 1-0 face à cette équipe de D2.

En 1936, l'international français Edmond Delfour (de dos), capitaine du Racing Club de Paris, reçoit le trophée de la Coupe de France des mains d'Albert Lebrun, le président de la République.

soirée qui suit leur victoire en finale, les Marseillais oublient le trophée au siège du journal *L'Auto* ! Le lendemain, un coursier filera à la gare de Lyon rendre le précieux objet aux vainqueurs.
Pendant les années amères de l'Occupation, ce rituel de la troisième mi-temps joyeuse est plutôt délaissé. Ainsi, en 1943, après avoir battu Bordeaux (4-0) en finale, les joueurs de l'OM vont simplement assister à un spectacle du chanteur d'opérette Alibert, gendre du compositeur Vincent Scotto. Les vainqueurs marseillais boycottent toutes les manifestations officielles mises sur pied par le colonel Pascot, ministre des Sports du gouvernement de Vichy.
Contrairement au Tour de France, la Coupe n'a pas suspendu ses matchs pendant la guerre. L'épreuve est toutefois morcelée entre trois zones : occupée, non occupée et interdite. Le Racing Paris (1940), Bordeaux (1941), le Red Star (1942), Marseille (1943) et Nancy (1944) sont les vainqueurs de ces éditions « à oublier ». Le 6 mai 1945, le général Koenig, gouverneur militaire de Paris, préside à Colombes la finale entre le Racing Club de Paris et Lille (3-0). En ces temps de Libération et à l'avant-veille de l'armistice,

Ce match ayant lieu à Bordeaux oppose le Racing Club de Paris à Lille. Pendant des décennies, les matchs de Coupe de France furent organisés en terrain neutre.

la Coupe de France retrouve son caractère foncièrement festif.

Le RC Paris et Lille sont les deux clubs forts de la fin des années 1940. Mais tandis que le club nordiste va conserver son poids lors de la décennie suivante, le Racing va s'essouffler. La Coupe consacre alors l'émergence de deux clubs. Le premier est l'OGC Nice (vainqueur en 1952 et 1954). Le 4 mai 1952, les Aiglons remportent une finale d'anthologie contre Bordeaux (5-3) devant 61 485 spectateurs et environ autant… de téléspectateurs ! Ce sommet de Colombes est en effet le premier diffusé sur le petit écran, grâce à deux caméras de la Radiodiffusion-Télévision française (RTF). Commentateur de l'événement, Georges de Caunes prend l'antenne d'un inoubliable « Messieurs les directeurs, monsieur le téléspectateur, bonjour ! » Le lendemain, sur la Promenade des Anglais, des milliers de Niçois offrent une haie d'honneur aux vainqueurs, parmi lesquels le jeune prodige Antoine Bonifaci.

Au milieu du siècle, l'autre ténor de la Coupe est le Stade de Reims (vainqueur en 1950 et 1958). Ce club fait également battre les cœurs tricolores dès la naissance de la Coupe d'Europe des clubs, en 1955. Mais les Rémois vont aussi écrire, à leurs dépens, la grande histoire de la Coupe de France. Le 3 février 1957, à Toulouse, le SCU El-Biar, un club amateur de la banlieue d'Alger fait chuter en seizième de finale l'immense Stade de Reims (2-0) de Robert Jonquet, Jean Vincent ou encore Michel Hidalgo ! Les Algérois seront cependant éliminés par Lille (0-4) au tour suivant, mais leur parcours héroïque s'inscrit en lettres d'or dans le chapitre de ces « Petits Poucets » et autres « Cendrillons » qui font le charme de la Coupe.

Le 13 mars 1955, le Racing Club de Paris reçoit Nîmes au Parc des Princes. Ce stade ne tardera d'ailleurs pas à devenir le lieu incontournable du football parisien.

L'équipe de Marseille est ici photographiée en 1952. Cette année s'inscrit dans une période de vache maigre pour le club qui ne remportera ni Coupe ni Championnat au cours des années 1950.

Le 5 avril 1953, le RC Paris affronte Bordeaux au Parc des Princes. Mais cette année-là, le football français est surtout marqué par la nomination des deux géants de l'époque : le Stade de Reims et Lille.

Les années 1960 marquent un déplacement des forces vers Saint-Étienne (1962 et 1968) et vers Lyon (1964 et 1967). En 1967, l'Olympique Lyonnais va se retrouver au cœur de l'un des plus invraisemblables matchs de l'histoire de la Coupe.

À l'époque, le dénouement par une prolongation et des tirs au but n'a pas encore été institué. En demi-finale, Lyon rencontre Angoulême, un club de deuxième division. Le premier match se déroulant à Limoges se termine par un nul (3-3). La rencontre

Durant l'été 1952, le Red Star accueille Reims. Le club de Saint-Ouen fut l'un des grands clubs français de la première moitié du siècle à remporter cinq Coupes de France entre 1921 et 1942.

est rejouée à Saint-Étienne : nouveau match nul (1-1). Du coup, les deux équipes doivent s'affronter une troisième fois. Le match a lieu au stade Vélodrome de Marseille et... troisième match nul (1-1) ! Le règlement de la Fédération est clair : après trois résultats nuls, le vainqueur doit être désigné... par tirage au sort !

Pour échapper à la pression, les officiels et l'arbitre, monsieur Vigliani, se retirent dans les vestiaires et, devant les représentants des deux clubs, tirent le vainqueur à pile ou face. L'arbitre lance la pièce en l'air sans même la faire tourner... C'est Lyon qui ira en finale.

Une grande confusion s'en suit, en raison d'un quiproquo : pendant les dix minutes du tirage au sort, les joueurs d'Angoulême sont retournés patienter sur la pelouse. Les voyant réapparaître, le public du Vélodrome les acclame : tout le stade croit que les Charentais ont gagné ! Dans leur première édition, certains journaux du lendemain titreront même : « Angoulême en finale ! »... Cette affaire provoqua un tollé et l'issue par tirage au sort disparut définitivement des règlements de la Coupe.

Pour le cinquantenaire de la compétition, le 21 mai 1967, au Parc des Princes, c'est donc Lyon qui se retrouve en finale face à Sochaux. Cette finale restera célèbre non pour la victoire de l'OL (3-1), mais pour une scène rare : sur un dégagement du Lyonnais Hector Maison, le ballon achève sa trajectoire dans les mains... du général de Gaulle ! Le président de la République le renvoie aussitôt sur le terrain sous les yeux d'un public ravi d'avoir assisté à ce moment unique.

L'année suivante, le 12 mai 1968, le climat agité du pays incite le Général à laisser son fauteuil, le soir de la finale. C'est Jacques Chaban-Delmas, le président de l'Assemblée nationale, qui représentera le chef de l'État. Mais celui qui est également maire de Bordeaux n'aura pas le plaisir de voir ses Girondins s'imposer à Colombes. En face, Saint-Étienne est décidé à affirmer sa mainmise naissante sur le football français. Les Verts, entraînés par Albert Batteux s'imposent (2-1) : Georges Carnus comme gardien, Robert Herbin comme capitaine, Rachid Makloufi (auteur des deux buts) et Georges Bereta aux postes d'attaquants. Mais aussi, dans leur milieu de terrain, un joueur nommé Aimé Jacquet...

Une figurine de joueur de foot des années 1960.

Battus par l'équipe brésilienne menée par Pelé en demi-finale de la Coupe du monde 1958, les Bleus remportent le match pour la troisième place contre l'Allemagne (6-3), à Göteborg. Ici, Just Fontaine marque l'un de ses quatre buts du jour !

Maillot de l'équipe de Saint-Étienne en 1970.

Reims, lueur européenne

Les Français sont décidément de formidables et d'insatiables inventeurs. Après les jeux Olympiques modernes de Pierre de Coubertin, Jules Rimet crée la Coupe du monde de football. Et c'est encore d'un esprit français que jaillit une idée qui va bouleverser le destin d'un sport : la Coupe d'Europe des clubs de football. L'inspirateur ? Gabriel Hanot, une fois de plus.

Cet ancien ailier international reconverti dans le journalisme était déjà à l'origine de l'instauration du professionnalisme en France en 1932. Plus tard, à la fin des années 1940, il avait été à la fois journaliste et… sélectionneur de l'équipe de France ! En 1949, au lendemain d'une défaite à domicile contre l'Espagne (1-5), le journaliste Hanot demanda tout simplement la tête du sélectionneur Hanot dans un article – non signé – paru dans *L'Équipe*…

Le 13 décembre 1954, Gabriel Hanot est l'envoyé spécial du quotidien sportif en Angleterre pour couvrir un match amical entre Wolverhampton et les Hongrois du Honved Budapest. Les « Wolves » s'imposent soutenus par l'enthousiasme de leurs 55 000 supporters. Le lendemain, Hanot téléphone au siège de *L'Équipe* pour dicter son papier. De sa chambre d'hôtel à Londres, il ponctue son article ainsi : « L'idée d'un Championnat du monde, ou tout au moins d'Europe des clubs (…) mériterait d'être lancée. Nous nous y hasardons. »

Le dimanche 3 avril 1955, seize dirigeants européens – dont Santiago Bernabeu, le président du Real Madrid – sont invités par *L'Équipe* à l'hôtel Ambassador, à Paris.

Ils en repartent avec un document signé par tous : l'acte fondateur de la Coupe d'Europe. Le 4 septembre, les 30 000 spectateurs du stade Nacional de Lisbonne assistent au premier match de cette nouvelle compétition entre le Sporting Portugal et le Partizan Lisbonne (3-3). L'envoyé spécial de *L'Équipe* sur cet événement ? Gabriel Hanot, bien sûr !

Seize équipes sont donc engagées, parmi lesquelles les célèbres Chelsea, Real Madrid, Servette de Genève, AC Milan, Anderlecht, Rapid de Vienne et... le Stade de Reims, champion de France en cette année 1955.

Dans ses rangs, le club champenois compte plusieurs vedettes du moment : Raymond Kopa, Léon Glovacki, Robert Jonquet et Armand Penverne. Depuis 1949, date de son premier titre de champion, l'équipe au maillot rouge et aux manches blanches est devenue le phare du football national : un phare dont la lumière aiguise une curiosité limitée à Reims. Ils ne sont que 6 000 le 26 octobre 1955, à assister au premier match européen du Stade face aux Danois d'Aarhus (2-2) à domicile. Au tour suivant, en quart de finale, l'équipe d'Albert Batteux émigre vers Paris et son Parc des Princes, où sa popularité augmente. Devant 36 000 supporters, Kopa ne marque pas, mais réalise une grande prestation et Reims s'impose 4 à 2 contre les Hongrois de Vörös Lobogo, face auxquels ils ramèneront un nul (4-4) lors du retour.

Plongé dans la lecture de *France Football*, qui lui décernera le prestigieux Ballon d'or en 1958, Raymond Kopa est de passage chez le barbier.

Le 7 octobre 1956, la France reçoit la Hongrie (1-2), en match amical, à Colombes. Avant le coup d'envoi, Roger Marche (à droite), le capitaine des Bleus, échange son fanion avec Ferenc Puskas, l'un des plus grands buteurs de tous les temps, qui brillera en club sous le maillot du Real Madrid.

Entre Français et Allemands, le football a souvent été jalonné d'affrontements tendus comme ici, en 1958, lors du match de classement de la Coupe du monde, remporté par les Bleus (6-3).

Avant la demi-finale, les opposants aux Écossais des Hibernians, on apprend que Kopa sera transféré au Real Madrid en fin de saison contre 52 millions de francs de l'époque ! Mais l'international français continue de former un merveilleux duo avec Glovacki. Les deux hommes permettent de passer l'obstacle écossais et l'équipe se retrouve en finale contre... le Real Madrid.

Voir Reims affronter le Real au Parc des Princes : la France ne pouvait rêver plus belle affiche pour la première finale de la Coupe d'Europe. Kopa espère finir en beauté avant de rallier l'Espagne, mais il ne brille pas contre son futur club. Reims mène 2-0 après dix minutes grâce à Leblond et Templin ! Le grand Alfredo Di Stefano et Rial égalisent pour le Real avant la mi-temps, mais à l'heure de jeu, tout le Parc pense que le but de Michel Hidalgo sera celui de la victoire pour les Rémois. Espoir vite évanoui : Marquitos égalise à la 67e minute et Rial donne le coup de grâce dix minutes plus tard... Le Real l'emporte 4-3, inaugurant un long règne sur le continent. Quant au Stade de Reims, il va devoir patienter presque trois années avant de regoûter à l'ivresse de la Coupe d'Europe. Automne 1958. Kopa, Glovacki, Hidalgo et Templin sont partis ; Just Fontaine, Roger Piantoni et Jean Vincent sont arrivés. Ce Reims, avec ses stars de l'attaque, est un peu le calque d'une équipe de France qui sort d'une grande Coupe du monde en Suède. Le contingent offensif des Champenois se révèle sans pitié sur le front européen : au cours de leurs quatre matchs contre les Nord-Irlandais de Newtonards, puis les

Le 17 mars 1955, au Parc des Princes, l'Olympique Lyonnais élimine Sedan (2-1) en 16e de finale de la Coupe de France. Mais l'OL, créé cinq ans plus tôt, est encore très loin d'imposer son hégémonie sur le football français.

Finlandais du HPS Helsinki, Reims inscrit un total de dix-sept buts !

Les choses sérieuses se profilent en quart de finale, en février 1959, face au Standard de Liège. Sur leur terrain gelé, les Belges prennent l'avantage à l'aller (2-0). Au retour, le Parc des Princes entonne une Marseillaise enfiévrée pour pousser les champions de France vers la victoire. Le combat est âpre, les Belges s'accrochent à leur avance. Mais, à la 69e minute, Piantoni ouvre enfin le score pour Reims d'un beau coup franc ! Quatre minutes plus tard, Fontaine inscrit un nouveau but et le Parc se met à encourager comme jamais ses protégés. À deux minutes de la fin, l'incroyable renversement de situation se produit : « Justo » Fontaine, encore lui, envoie le Stade en demi-finale où ils défieront les Young Boys de Berne. Reims s'incline en Suisse (0-1) à l'aller, mais s'impose à nouveau au Parc au retour, une fois de plus sur le score de 3-0. Et qui attend les Français en finale, à Stuttgart, le 3 juin 1959 ? Eh oui… l'éternel Real Madrid. Mais le suspense ne trouve pas sa place dans ce match. Les Rémois ne semblent pas bien dans leurs crampons et le Real de Di Stefano gagne sans forcer son talent (2-0). « On n'a pas le droit de jouer aussi mal une finale de Coupe d'Europe », soupirera Albert Batteux, l'entraîneur rémois. Les Champenois disputeront encore deux fois la Coupe d'Europe au début des années 1960. Mais une deuxième défaite en finale marquera, pour eux, le début d'un déclin dont ils ne se relèveront jamais.

Le 15 mars 1931, à Colombes, l'équipe de France affronte l'Allemagne pour la première fois de son histoire. Devant 40000 spectateurs survoltés, les Français de Thépot, Mattler et Delfour s'imposent 1 à 0, sur un but de Münzenberg… contre son camp !

Billet pour la finale de la première Coupe du monde de football en 1930.

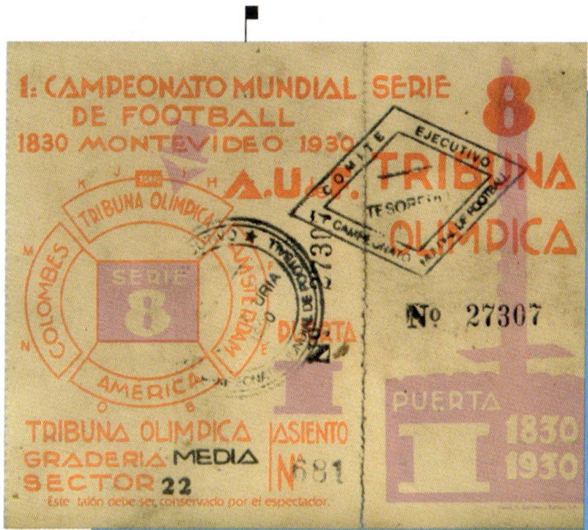

Très soucieuse de sa gestuelle et de son allure soignée, Suzanne Lenglen est considérée comme la première star internationale du tennis féminin. Cette immense championne remporta 241 tournois, dont Roland-Garros et Wimbledon à 6 reprises.

Le tennis

À la fin du XIXe siècle, de riches touristes anglais importent sur la Côte d'Azur une discipline nommée *lawn-tennis*. Ces vacanciers d'outre-Manche font construire des courts pour s'adonner à leur nouvelle passion, raquettes en main.

Ce loisir venu d'Angleterre ne tarde pas à être adopté par l'aristocratie française, à l'image du Vicomte de Janze qui, dès 1885, crée le club de l'île de Puteaux. Sept ans plus tard, ce club compte près de 1200 membres et se retrouve au cœur de l'essor du tennis français.

En 1912, la France parvient même à mettre sur pied les premiers championnats du monde de *lawn-tennis* sur terre battue. Le tournoi est organisé à Paris, sur les installations de la Faisanderie, dans le parc de Saint-Cloud.

À l'époque, cette compétition est exclusivement réservée aux joueurs locaux et aux étrangers inscrits dans des clubs français.

En 1925, l'épreuve s'ouvre enfin aux tennismen étrangers, donnant naissance aux Internationaux de France.

Trois ans plus tard, le tournoi migre vers la porte d'Auteuil et vers un nouveau stade baptisé Roland-Garros, en hommage à ce pionnier de l'aviation, qui avait réussi la traversée de la Méditerranée, le 23 septembre 1913. Parti de Fréjus, il avait rallié Bizerte en Tunisie en 7 heures et 53 minutes.

Suzanne Lenglen au cours d'un match de double mixte avec René Lacoste, en 1925.

Une jeune prodige

Le tennis a débarqué en France d'Angleterre, à l'instar du football et du rugby. Mais s'il a longtemps été difficile, dans l'univers des ballons ronds ou ovales, de dompter les maîtres britanniques, le tennis français a

Dans les années 1920, Suzanne Lenglen (à gauche) impose sur le tennis féminin une hégémonie sans merci malgré la concurrence de joueuses comme l'Américaine Mary Brown (à droite).

rapidement su se hisser dans le gotha. Dès le début des années 1910, il s'est trouvé une figure de proue légendaire : Suzanne Rachel Flore Lenglen.

Rarement championne aura autant dominé son époque, tous sports confondus. En 1910, Suzanne est âgée de onze ans lorsqu'elle découvre le tennis, sous l'œil de son père, qui vient de lui offrir sa première raquette. Devinant les prédispositions de sa fille, Charles Lenglen s'empresse de devenir son entraîneur. L'homme a le goût de la méthode : l'histoire raconte souvent qu'il parsemait le court de mouchoirs, exigeant de l'adolescente qu'elle atteignît les cibles contre quelques pièces de monnaie.

Charles Lenglen voit sa fille se muer en adolescente surdouée. Le jour de ses quinze ans, la voilà déjà sacrée championne du monde sur terre battue ! La guerre qui s'abat alors sur le continent aurait pu briser l'ascension de Suzanne Lenglen, mais la jeune fille a un caractère tenace. Elle continue à s'entraîner d'arrache-pied, le plus souvent face à des hommes. Elle développe aussi son apprentissage de la danse, un art qui influera sensiblement sa gestuelle sur les courts, où elle se distingue aussi par l'élégance de ses tenues. Suzanne Lenglen porte des jupes plus courtes que ses adversaires, mais son style va au-delà de ces détails pratiques. Il arrivera que la Française apparaisse devant le public vêtue d'une cascade de vison bordée de lynx : la jeune femme a des goûts de luxe, un caractère capricieux, cassant voire irascible. Elle s'affiche avec des monarques ou des artistes en vogue comme Douglas Fairbanks. On la surnomme « la diva du tennis » ; elle en est plutôt la première star populaire. Surtout, Suzanne Lenglen est une championne d'exception.

Quelques mois après la signature de l'armistice, la Française entame l'un des règnes les plus lumineux de l'histoire du tennis. L'empire Lenglen va s'étendre entre deux pôles ; entre 1919, année de son premier succès à Londres, et 1926, date de son

La coupe Suzanne Lenglen en 1920.

ultime titre à Paris, la « Divine » remporte six titres dans chacun des deux plus grands tournois européens. Elle est celle qui affole rivales et foules par sa grâce enragée sur les courts. Au fil de son septennat doré, Suzanne Lenglen s'impose dans 241 tournois, soufflant notamment sur son passage 81 titres en simple et deux médailles d'or aux jeux Olympiques d'Anvers de 1920, dont une médaille gagnée lors du double mixte avec Max Decugis, le grand joueur français du début du siècle. Devenue professionnelle à partir de 1926, elle est radiée par une Fédération française de *lawn-tennis* arc-boutée sur le principe d'amateurisme. L'idole part achever sa carrière aux États-Unis sous une pluie de dollars avant de s'éteindre d'une leucémie, en 1938.

Une fois n'est pas coutume, c'est une dame qui aura ouvert la porte : Suzanne Lenglen a inauguré cet âge d'or du tennis français dans lequel les hommes vont à leur tour s'engouffrer.

Dans les années 1920, Jacques Brugnon (à gauche) et Henri Cochet (à droite) forment une redoutable paire. Ils glanent trois titres à Roland-Garros (1927, 1930 et 1932) et s'imposent deux fois à Wimbledon en 1926 et en 1928.

En 1914, Max Decugis, le plus grand tennisman français d'avant-guerre, remporte à Saint-Cloud le championnat du monde de tennis face à Maurice Germont (à gauche).

Les Mousquetaires

Dans la France des années 1920, la Divine va enfanter des Mousquetaires. C'est elle, l'ambitieuse, l'insatiable, qui se met en tête de convaincre Jacques « Toto » Brugnon, le spécialiste du double avec ses dix titres en grand chelem, mais aussi Henri Cochet, Jean Borotra et René Lacoste – 21 titres en simple en grand chelem à eux trois – qu'ils peuvent ramener au pays cette Coupe Davis qui s'est toujours refusée aux Français depuis leur première participation en 1900. Les quatre leaders du tennis français sont-ils capables de conquérir le fameux

En 1928, à Wimbledon, René Lacoste se mesure à William Tatem « Bill » Tilden. Le « Crocodile » se montre intraitable face au plus grand joueur américain de l'époque et remporte cette année-là son deuxième titre sur le gazon londonien après celui de 1925.

Une raquette de tennis de 1920 avec un presse-raquette.

Henri Cochet signe des autographes après avoir donné une conférence sur le tennis au lycée Gay-Lussac à Limoges en novembre 1943.

Saladier d'argent ? Ont-ils suffisamment de talent et d'appétit pour dompter la redoutable Amérique de Bill Tilden qui, entre 1920 et 1926, a fait main basse sur le trophée ? Ces questions brûlent toutes les lèvres, le 8 septembre 1927, lorsque débute la finale de la 22e Coupe Davis entre des Américains et des Français sortis vainqueurs d'une Zone Europe très touffue, puisque 21 équipes étaient engagées au départ !

La finale se joue sur herbe, au Germantown Cricket Club de Philadelphie. À l'issue des deux premiers simples et du double, la France, menée 2-1, est en ballotage défavorable avant les deux derniers simples du dimanche. Une victoire, une seule, suffirait aux Américains pour conserver le trophée à la maison. Le 10 septembre, René Lacoste doit déjà battre Bill Tilden, une légende de la Coupe Davis, pour ramener les Français à 2-2 et raviver l'espoir fou de soulever le Saladier. À force de renvoyer inlassablement la balle, René Lacoste finit par exaspérer son adversaire, qui racontera qu'il eut « envie de lui balancer sa raquette dans la gueule ». Ce match vaut au Français le surnom de « crocodile » dans la presse américaine : avant la rencontre, le capitaine de l'équipe de France lui avait promis de lui offrir une valise en crocodile en cas de victoire. En 1933, au moment de se lancer dans la création d'une marque de vêtements, René Lacoste saura s'en souvenir...

Revenue à égalité, la France s'est arrogé le droit de croire à l'exploit. Henri Cochet ne vas pas trembler sous la pression. En quatre sets, le Lyonnais s'impose face à Bill Johnston, forçant les États-Unis à abdiquer et inaugurant, sans le savoir encore, l'ère prestigieuse des Mousquetaires.

Comme tout vainqueur, la France aura le privilège de défendre son titre, chez elle, l'année suivante. Il lui faut un cadre à la hauteur de l'événement. Des terrains s'y prêtent, du côté de la porte d'Auteuil : en 1928, le stade de Roland-Garros est érigé, prêt à accueillir les nouvelles idoles du sport français.

La puissance d'Henri Cochet va encore s'avérer décisive à l'heure d'écœurer les Américains. Il remporte deux simples, ainsi que le double, associé à Jean Borotra. Et les Français de battre leurs adversaires (4-1) en s'épargnant le suspense étouffant de l'année précédente. Des Mousquetaires, Henri Cochet se révèle alors le plus talentueux et assurément le plus fort mentalement. En 1929, alors que Français et Américains sont à 2-2, c'est encore lui qui dispose sereinement de Georges Lott dans le cinquième et dernier match. Malheureux Lott : l'année suivante, toujours à Roland-Garros, l'Américain ruine les chances de son équipe en s'inclinant en cinq sets contre Jean Borotra, le « Basque bondissant », dont le jeu offensif enchante le public. Quelques années plus tard, il s'égarera en collaborant avec le régime de Vichy.

En 1931 flotte un parfum de changement : les Mousquetaires vont croiser le fer avec... les Britanniques, tombeurs des Américains en demi-finale. Une fois de plus, l'équipe de France se retrouve à 2-2 à l'aube du

En 1928, la Coupe Davis est exposée avec fierté dans les allées de Roland-Garros. Les célèbres « Mousquetaires » – Jean Borotra, Henri Cochet, Jacques Brugnon et René Lacoste – soulèveront sans interruption le Saladier d'argent entre 1927 et 1932.

Surnommé le « Basque bondissant », Jean Borotra ne rechigne pas à plonger sur la terre battue de Roland-Garros. Il remportera deux titres en simple (1924 et 1931) dans le célèbre tournoi de la porte d'Auteuil.

Le 10 septembre 1943, l'inusable Henri Cochet (à gauche) et le longiligne Yvon Petra (à droite) disputent à Roland-Garros un match en soutien aux prisonniers de guerre. Henri Cochet, âgé de 42 ans, s'imposera en trois sets contre son jeune compatriote de 27 ans.

Une raquette de tennis de 1925.

dernier match. Et qui s'avance pour disputer ce rendez-vous crucial ? Henri Cochet, évidemment ! L'homme connaît le chemin : imperturbable dans son duel avec Fred Perry – le futur numéro un mondial –, le Français l'emporte en quatre sets et cultive l'hégémonie tricolore de la Coupe Davis. L'année suivante, c'est Jean Borotra qui, dès le quatrième match, assurera le succès français en finale lors des retrouvailles avec les Américains. La France vient alors de conquérir pour la sixième fois d'affilée le très convoité Saladier. Un règne immense qui prendra fin, en 1933, face à des Britanniques revanchards, à l'image de Fred Perry. Au cours d'un cinquième match à nouveau capital, l'Anglais dévore un « nouveau », André Merlin, préféré à Borotra. L'histoire d'amour entre la France et la Coupe Davis venait d'entrer dans une longue période de fâcherie...

Le temps des rares exploits

Après la guerre, le tennis français croit avoir trouvé un nouveau souffle. L'année 1946 est un grand cru à classer dans toutes les mémoires. D'abord pour ce succès à Wimbledon d'Yvon Petra, ce tennisman né en Indochine. Pantalon clair, polo et casquette, le Français éblouit le public londonien. Sa finale contre l'Australien Geoff Brown est considérée comme l'une des plus haletantes de l'Histoire.

Le longiligne Petra, du haut de son 1,96 m, se sert de son service comme d'une arme, fatale pour son adversaire, mais il finit par céder au cinquième set. À l'issue du match, le Français bondit au-dessus du filet pour saluer son adversaire !

Trois semaines plus tard, le 29 juillet 1946, nouveau « cocorico ! » sur la terre battue de Roland-Garros avec la victoire en finale de Marcel Bernard. Le Nordiste s'impose sur ce court où les Mousquetaires avaient tissé leur légende.

Dès 1936, Bernard avait peut-être puisé un peu de cette flamme, lui qui s'était alors imposé en double, porte d'Auteuil, aux côtés de Jean Borotra. Il aura passé ensuite dix années à courir derrière un triomphe en simple, une patience qui sera récompensée par un succès inespéré : mené deux sets à rien par le Tchécoslovaque Jaroslav Drobny, Marcel Bernard renverse la vapeur par une meilleure lecture du jeu et de beaux élans pour monter au filet.

Le 18 juin 1939, l'ère des Mousquetaires prend fin avec la défaite de Jean Borotra et Jacques Brugnon en finale du double messieurs de Roland-Garros.

En cette fin de mois de juillet, le tennis masculin français semble briller de mille feux. Un feu de paille, finalement : une immense traversée du désert ne fait que commencer. Les Françaises, elles, n'affichent pas forcément plus de régularité dans les palmarès. Mais le public de Roland-Garros n'oubliera pas le sourire d'une jeune pied-noire du nom de Françoise Durr. Son sacre en 1967, dix-neuf ans après celui de Nelly Adamson-Landry – dernière Française à avoir triomphé sur la terre battue parisienne – illumine le tennis tricolore. Près de dix mille spectateurs assistent, sur le court central, à la victoire de Françoise Durr face à l'Australienne Leslie Turner, vainqueur du tournoi en 1963 et 1965. Et toute la France tombe sous la charme de cette jeune femme de vingt-quatre ans à l'étrange prise de raquette : elle a l'index allongé sur le bois. Pour cette experte du double, ce coup d'éclat en simple ne trouvera pas d'écho dans le futur. Au crépuscule des années 1960, le tennis français vit encore dans la nostalgie des géants d'avant-guerre.

En 1934, Marcel Bernard n'est encore qu'une étoile montante du tennis français, dans l'ombre des Mousquetaires. Il connaîtra son heure de gloire au lendemain de la guerre.

La médaille Suzanne Lenglen en 1928.

Le 18 mai 1924, à Colombes, dans le cadre des jeux Olympiques de Paris, la France s'incline en finale face aux États-Unis (3-17). Quatre ans plus tôt, les Français avaient déjà dû abdiquer face aux Américains (0-8) lors de la finale des Jeux d'Anvers.

Le XV de France

Si la première équipe de rugby française de l'Histoire put être observée lors des jeux Olympiques parisiens de 1900, le baptême officiel du XV de France sera célébré six ans plus tard, lors d'un match contre la Nouvelle-Zélande.

Au début du siècle, la Ville lumière accueille en son sein deux événements majeurs : les jeux Olympiques et l'Exposition universelle.
La France du rugby est alors morcelée entre les clubs du sud-ouest et ceux de la capitale qui furent les premiers – avec le Havre Athletic Club (1872) – à importer ce sport d'Angleterre, à l'image du English Taylors Club, l'équipe pionnière de Paris. Laissant entre parenthèses les rivalités naissantes du rugby français, l'union sacrée est décrétée pour les jeux Olympiques. Cet apaisement aide le XV de France à conquérir la médaille d'or au terme d'un tournoi à trois, après avoir battu deux équipes étrangères… de clubs : les Allemands de Francfort (27-17) et les Anglais de Mooseley (27-8). Ce succès sympathique ne permet toutefois pas de présumer de la valeur réelle du rugby hexagonal en ce début de siècle.

Des débuts difficiles

Plus révélateur sera ce fameux premier « vrai » match du XV de France en 1906, le jour de l'an, toujours à Paris. L'adversaire ? Ni plus ni moins que les Néo-Zélandais. Les rugbymen océaniens sont déjà les Goliath de la discipline. Plus puissants, plus rapides, les Originals – ancêtres des actuels All Blacks – ne font qu'une bouchée des petits Bleus (38-8), qui parviennent cependant à leur inscrire deux essais grâce à… deux frères : Noël et Jérôme Cessieux. La

En 1918, avant un match contre le XV de France, les All Blacks effectuent leur traditionnel haka.

Le 18 avril 1892, le Stade Français, fondé neuf ans plus tôt, affronte le Football Club de Londres. À cette époque, ce jeu avec ballon ovale porte encore le nom de « rugby-football », en référence à son sport d'origine.

En 1936, l'Équipe de France se déplace à deux reprises outre-Rhin pour livrer deux matchs qui se solderont pas deux victoires sur le XV allemand : 19-14 en mai et 6-3 en novembre.

France a perdu, mais en révélant cette approche fougueuse du jeu que les anglophones qualifieront de *french flair*. Dave Gallaher, le capitaine néo-zélandais, livre même cette observation après le match : « Nous sommes fermement convaincus que le jeu va se répandre en France et qu'avec le temps, ils seront en mesure d'aligner une équipe qui commandera le respect de toutes les autres. »

Quatre ans plus tard, enfin admis par les Britanniques, les Français s'immiscent dans une compétition qui, chaque année, permettra d'étalonner leur ascension : le Tournoi des V Nations. Quatre matchs, quatre défaites, dont un baptême désastreux à Swansea face au Pays de Galles (14-49)... C'est par la fameuse « cuillère de bois » que les Bleus signent leur entrée dans l'épreuve européenne. En 1911, la France remporte enfin son premier match international. Cette victoire dans le Tournoi face aux Écossais (16-15) doit beaucoup aux deux essais de Pierre Faillot, recordman de France du 400 mètres. Mais ce jour de joie ne dessinera qu'une courte parenthèse dans l'apprentissage douloureux du XV de France. Lorsque la Première Guerre mondiale interrompt toutes les compétitions

Le rugby n'a pas tardé à dépasser les frontières. Ici, en 1928, l'envol d'un joueur pendant une rencontre opposant Paris à Berlin.

rugbystiques, la sélection au maillot frappé du Coq – une initiative du capitaine de l'époque, Marcel Communeau – n'est encore qu'une nation mineure dans la hiérarchie du ballon ovale.
Il faudra encore attendre neuf ans pour voir les Français glaner un autre succès, contre l'Irlande cette fois, et toujours sur ce score de 16 à 15. Il n'empêche : les années d'après-guerre s'entêtent à confiner les Bleus dans l'obscurité. Aux jeux Olympiques de 1920 et de 1924, même les États-Unis imposent à la France leur supériorité. C'est à se demander, malgré les éclairs d'un ailier nommé Adolphe Jauréguy, si le bleu n'est pas alors la couleur du désespoir...

L'heure de gloire

Et puis le 2 avril 1927, la lumière, enfin ! À Colombes, le XV de France bat pour la première fois l'Angleterre (3-0), terre fondatrice du rugby, par la grâce d'un essai de l'ailier grenoblois Edmond Vellat. Un an plus tard, c'est un petit ailier du Stade Français, Robert Houdet, qui offre à la France les points de son succès sur le Pays de Galles (8-3), dernière équipe britannique à céder contre les Bleus. Il était temps de dompter tous ces rivaux d'outre-Manche car, en 1932, le rideau tombe sur le rugby tricolore : les Français, dont Max Rousié, leur joueur-phare, sont exclus du Tournoi. La raison ? Les joueurs du XV de France sont accusés par les Britanniques d'être payés pour jouer et de commettre une entorse au sacro-saint principe de l'amateurisme qui imprégnera si longtemps le rugby. Les Français sont réintégrés après la guerre et le début des années 1950 marque un virage. L'année 1954, notamment.
Il y a, d'abord, en février, ce premier succès historique sur les All Blacks (3-0) lors d'un match test à Colombes. Quelques semaines plus tard, emmenée par Jean Prat, la France termine enfin à la première place du Tournoi, un rang qu'elle doit cependant partager avec l'Angleterre et le Pays de Galles. Mais cette victoire est un signe : le XV tricolore, petit à petit, a gagné le respect de ses adversaires.
La France, désormais, est portée par un nouveau souffle, celui qui lui permet de revenir victorieuse, en 1958, d'une tournée en Afrique du Sud, l'un des géants de la planète rugby. La clé de cet inattendu triomphe français ? La puissance jamais atteinte jusqu'alors du pack bleu. Dans les mêlées, la France pousse comme jamais derrière des hommes comme Alfred Roques, le pilier, et Michel Crauste, troisième ligne monumental. Elle pousse, aussi, derrière un deuxième ligne nommé Lucien Mias. L'incroyable Mias, instituteur devenu médecin et capable de soigner une sinusite avec une goulée de rhum...

Écussons représentant l'emblème de la ville de Paris, le coq sportif de l'équipe de France ou l'emblème de Tarbes-Pyrénées...

Comme pour le football, le stade de Colombes sera pendant longtemps le temple du rugby français. À l'entrée du stade est érigé dans les années 1920 un monument en hommage aux rugbymen français tombés pendant la Grande Guerre.

Créé en 1823, le rugby, descendant du football, s'est d'abord joué avec un ballon rond fabriqué à partir d'une vessie de porc. Pour faciliter sa prise en mains, la forme ovale est officiellement adoptée en 1877.

Sur sa lancée, la France finit pour la première fois seule en tête du Tournoi, en 1959. Les Bleus ont pris place sur le toit de l'Europe, monopolisant les titres dans le Tournoi jusqu'en 1962. Les années 1960 ne sont plus seulement celles du *french flair*, elles sont aussi celles du *french power*, ponctué par le coup d'éclat de 1968 : le premier grand chelem de l'Histoire des Bleus ! Le XV de France accède alors à la gloire, porté par son capitaine, Christian Carrère, et par quelques figures majeures : Jean Gachassin, les frères Cambérabéro, Guy et Lilian, Walter Spanghero, Jo Maso, Jean Trillo, Pierre Villepreux... Soixante-deux ans après son premier match, la France est devenue une pièce centrale sur l'échiquier du rugby mondial.

Les deux pôles du rugby

Certes, le rugby français glissera vers le professionnalisme plus d'un demi-siècle après le football. Mais il se sera inventé un championnat national bien plus tôt que son grand cousin du ballon rond : quarante ans, pour être précis.

Sous l'égide du baron Pierre de Coubertin, le premier Championnat de France de rugby, sport alors le plus populaire du pays, regroupe pas moins de... deux équipes !

Ces deux équipes parisiennes s'affrontent directement dans une finale arbitrée par le baron en personne : le 20 mars 1892, devant 2 000 spectateurs, le Racing Club de France bat le Stade Français (4-3) sur la pelouse de Bagatelle, au bois de Boulogne. Les Racingmen se voient remettre un bouclier sur un cadre en bois, conçu par le graveur Charles de Brennus. Sur le trophée, une devise : *Ludus pro patria* (Un jeu pour la patrie).

Mais la patrie ovale mettra quelques années avant de dépasser les frontières de la capitale. Sous l'impulsion du SBUC (Stade Bordelais Université Club), champion pour la première fois en 1899, le centre de gravité de l'Ovalie va se déplacer peu à peu vers le Sud-Ouest. Le club de Bordeaux soulève

Quinze ans après son premier titre, le SU Agen remporte en 1945 un nouveau Bouclier de Brennus face à Lourdes (7-3). Les joueurs savourent un tour d'honneur sur la pelouse du Parc des Princes.

Un match organisé dans le Parc de Saint-Cloud en 1906.

Une figurine de rugby pour les jeux Olympiques d'été de 1924.

même six fois le Bouclier de Brennus entre 1904 et 1911.
L'entre-deux-guerres marque d'abord la domination d'un géant émergent, le Stade Toulousain, cinq fois titré dans les années 1920 : 1922, 1923, 1924, 1926 et 1927. À l'époque, le club de la Ville rose est affublé du surnom de « Vierge rouge », en référence à son premier titre, en 1912, qu'il glana en demeurant invaincu toute la saison. À l'orée des années 1930, le rugby est gagné par les turbulences entre partisans dogmatiques de l'amateurisme et quelques patrons de clubs pragmatiques qui rémunèrent les joueurs de façon déguisée en leur trouvant un emploi dans leur entreprise. Il n'y a plus alors de dynastie forte, à Paris, Bordeaux, Toulouse ou ailleurs.
Après la Libération, la place forte de l'Ovalie migre vers Lourdes. Le FC Lourdes des frères Prat, Jean et Maurice, de Jean Gachassin, de Roger Martine, de Michel Crauste et autre Henri Domec. Lourdes, c'est le colosse de l'après-guerre. Huit titres de champion entre 1948 et 1968. Et cette phénoménale invincibilité à domicile entre 1948 et 1960 !
Le dernier titre lourdois, en 1968, est assurément le plus cocasse. Suite aux événements de mai, la finale entre le FC Lourdes et le RC Toulon est retardée de trois semaines. Le 16 juin 1968, les deux équipes s'affrontent enfin au Stadium de Toulouse. À l'issue de la prolongation, un score de 9-9 ne parvient pas à les départager. En temps normal, le règlement prévoit de faire rejouer la finale. Mais cette fois, c'est impossible : l'équipe de France part quelques jours plus tard en tournée en Nouvelle-Zélande... Lourdes hérite alors du Bouclier suite aux deux essais de Jean-Pierre Latanne ; les Varois d'André Herrero n'en ayant inscrit aucun. Le miracle de telles circonstances exceptionnelles pouvait-il échapper aux ambassadeurs de Lourdes ?

Le 9 janvier 1953, sur un terrain enneigé, les Français s'entraînent à la veille de leur match du Tournoi des V Nations contre l'Écosse. Le lendemain, à Colombes, les coéquipiers de Jean Prat s'imposeront 11 à 5.

Charles Charlemont (à gauche), grande figure de la boxe française, en 1907, lors d'un entraînement. À la différence de sa cousine anglaise, la boxe française autorise l'usage des jambes.

La boxe

L'Angleterre aura décidément été le berceau des grands sports populaires. Bien avant le football, le rugby ou le tennis, c'est au Royaume-Uni que la boxe fit son apparition dès le XVIIIe siècle.

La discipline a été inventée par des parieurs, sur le modèle du pugilat. Elle se pratiquait alors à mains nues. James Figg en fut le premier champion. Considéré comme son successeur, Jack Broughton remporta près de 400 combats jusqu'au jour où il tua accidentellement un adversaire. Un traumatisme qu'il chercha à estomper en codifiant les règles de la boxe, en 1743. Désormais, elle se pratiquerait obligatoirement avec des gants de protection et dans un carré défini.

Cette boxe dite « boxe anglaise » s'implante en France à partir de 1900. Le premier combat a lieu Salle Wagram, à Paris, et la Fédération française des sociétés de boxe apparaît dès 1903. Bientôt émergerait un premier champion français, Georges Carpentier, dont l'héritier, des années plus tard, laisserait son nom entre les mains de l'éternité : Marcel Cerdan.

Georges Carpentier, âgé de 18 ans, lors d'un entraînement. Quelques années plus tard, le natif de Lens, surnommé « L'Homme à l'orchidée », deviendra le premier champion du monde français de boxe anglaise.

Georges Carpentier, le pionnier

L'itinéraire d'un surdoué qui n'avait pas froid aux yeux… Avec gants et chaussons, il remporte déjà, à treize ans, le titre de champion de France junior de boxe française. Un an plus tard, il se convertit à la boxe anglaise, où l'usage des coups de pieds n'est pas autorisé. France, Europe : à dix-sept ans, il s'est déjà construit un petit empire dans la catégorie welters (ou mi-moyens).

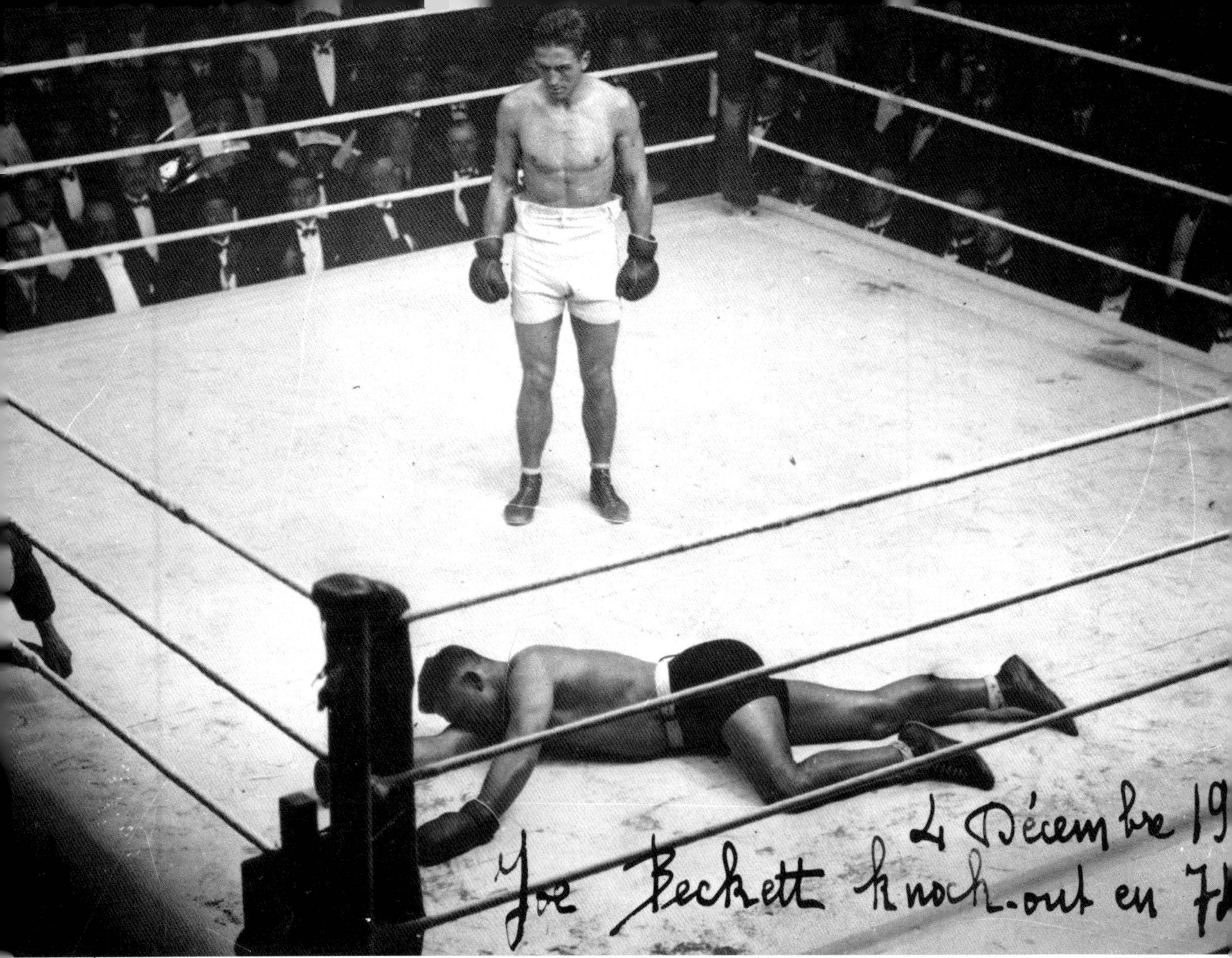

Le 4 décembre 1919, au Holborn Stadium de Londres, Georges Carpentier met K.-O. l'Américain Joe Beckett après seulement 74 secondes de combat.

Preuve de l'idolatrie des Français pour Georges Carpentier: en juillet 1914, le champion revient de Londres où il vient de battre, dans la catégorie des poids lourds, l'Américain Gunboat Smith.

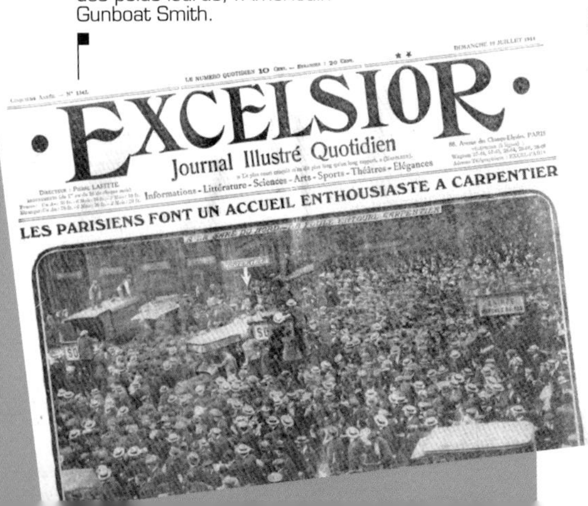
EXCELSIOR
Journal Illustré Quotidien
Informations · Littérature · Sciences · Arts · Sports · Théâtres · Élégances
LES PARISIENS FONT UN ACCUEIL ENTHOUSIASTE A CARPENTIER

L'ascension du Ch'ti de Liévin semble incontournable et sa soif de victoires insatiable. Il conquiert le titre continental des moyens en 1912 avant de frapper à la porte des rois de la boxe l'année suivante : les poids lourds. Ce 1er juin 1913, à Gand, il inflige un K.-O. à la quatorzième reprise à l'Anglais Bombardier Wells. L'Europe de la boxe s'est trouvé un maître. Et ce maître est français.

Avec la Première Guerre mondiale, d'autres combats, sans gants, mais bien plus sanglants, viennent peupler sa jeunesse. Affecté à l'armée de l'air, il se blesse au bout de dix-huit mois et retourne peaufiner sa pratique du noble art sur les rings d'entraînement. Bientôt, il est gagné par une ambition incandescente : devenir le premier boxeur français champion du monde. Le 12 octobre 1920, à Jersey City, le rêve devient réalité lorsqu'il met K.-O. l'Américain Battling Levinsky devant des yankees médusés. C'est le titre mondial des mi-lourds qui vient alors étoffer le palmarès de Carpentier. Il lui reste une marche à franchir pour accéder au rang de seigneur des seigneurs : empoigner une autre couronne mondiale, celle des lourds. Pour caresser son rêve, il doit battre la légende des rings, l'Américain Jack Dempsey, détenteur du titre depuis deux ans. Dempsey est la première star de la boxe. Son surnom annonce la couleur : il est le « tueur de Manassa », en référence à sa ville natale, dans le Colorado. Le « match du siècle » – il y en aura d'autres… – est organisé dans le New Jersey, le 2 juillet 1921. Mais le combat va tourner court. Blessé à la main droite dès la deuxième reprise, le Français tient jusqu'au quatrième round

avant de subir la loi de Dempsey, qui demeurera le roi de la catégorie « lourds » jusqu'en 1926. Pour Carpentier, cette défaite amorce un déclin brutal. En 1922, l'année qui suit le K.-O. infligé par Dempsey, il se voit délesté de tous ses titres en quelques mois...
Pendant quelques années, l'éclosion d'un champion français se fait attendre. Puis soudain, en 1928, la France découvre un type au crâne dégarni et au torse velu, aux épaules rondes et à la mâchoire carrée. Marcel Thil, né à Saint-Dizier vingt-quatre ans plus tôt, devient alors la nouvelle terreur des rings tricolores en s'emparant du titre national des poids moyens face à Marcel Thuru.
Son heure de gloire reste à venir. Le 11 juin 1932, au Parc des Princes, Marcel Thil conquiert la ceinture mondiale des moyens en battant l'Américan Gorilla Jones, disqualifié pour coup bas lors de la onzième reprise ! En France, le retentissement de cette victoire est énorme. Disputé devant 40 000 spectateurs, ce combat classe Thil parmi les stars du noble art. L'enfant de Liévin protégera son titre jusqu'en 1937, étirant son règne sous le regard de son ami Jean Gabin. Plus tard, un autre géant français de la boxe combattrait devant les yeux doux d'Édith Piaf...

En octobre 1945, à Paris, Marcel Cerdan inflige un K.-O. à l'Anglais Tommy Davies en 2 minutes et 55 secondes.

Le 11 juin 1932, Marcel Thil, grand boxeur français de l'entre-deux-guerres, décroche au Parc des Princes le titre mondial des poids moyens face à l'Américain Gorilla Jones, qui avait conquis cette ceinture à peine quatre mois plus tôt.

Cerdan, grandeur et tragédie

Il aurait pu devenir footballeur si son père, Antoine Cerdan, ne l'en avait pas empêché, préférant l'orienter – comme ses trois frères – vers la salle de boxe qu'il avait installée dans l'arrière-salle de son café à Casablanca. Ses premiers gants, le petit Marcel les enfile à l'âge de huit ans. Professionnel à dix-sept ans, le Casablancais se forge rapidement une réputation de terreur des rings qui lui vaut le surnom de « Bombardier marocain ». Personne ne semble en mesure de contrarier durablement sa marche vers la lumière. Le 3 juin 1939, au Vigorelli de Milan, le Français bat Saverio Turiello devant 25 000 inconditionnels de l'Italien. Et Marcel Cerdan, malgré l'hostilité ambiante et ce parterre de chemises brunes, de décrocher la ceinture européenne des poids moyens !
Peu après, lorsque la guerre éclate, Marcel Cerdan s'engage dans la marine alors qu'un championnat du monde face au grand

Les gants de boxe portés par Joseph Gonzales lors des jeux Olympiques de Tokyo en 1964.

En 1945, Marcel Cerdan (à gauche) affirme sa supériorité sur sur compatriote Édouard Tenet. Cette année-là, le Casablancais s'empare du titre de champion de France des super welters.

Henry Armstrong est en passe d'être signé. Mais le champion a le temps de préserver son art de la boxe pendant les années sombres et, très vite, il ressent un besoin pressant de rayonner sur des territoires moins étriqués que la Vieille Europe. Dans les années suivant la Libération, Marcel Cerdan a des envies d'Amérique.

Le 21 septembre 1948, des Parisiens célèbrent la victoire de Marcel Cerdan face à l'Américain Tony Zale pour la conquête du titre mondial des poids moyens. Les Français avaient pu suivre le combat de leur idole à la radio.

En débarquant à New York, il fait la connaissance d'une compatriote dans un cabaret, « Le club des cinq » : Édith Piaf. Mais le champion se doit de garder son énergie braquée sur cette campagne américaine qui doit asseoir sa notoriété outre-Atlantique. Hors de question, dès lors, de manquer le rendez-vous du 6 décembre 1946, au Madison Square Garden, contre Georgie Abrams. Sous les yeux de Franck Sinatra, le Français s'impose aux points. Il se sent prêt, dorénavant, à s'élancer vers son rêve américain ; prêt à enchaîner tous les combats nécessaires pour pouvoir prétendre, un jour, à une ceinture mondiale des poids moyens.

Au fil des mois, son attirance pour Edith Piaf donne corps à une idylle que le boxeur ne s'empêche pas de vivre malgré les liens du mariage qui l'unissent à sa femme, Marinette, depuis 1943. C'est avec la chanteuse qu'il s'envole pour les États-Unis afin d'y préparer le rendez-vous qu'il a attendu toute sa vie, un championnat du monde contre Tony Zale, le tenant du titre.

Ce 20 septembre 1948, Marcel Cerdan ne va pas laisser passer sa chance. Sur le ring du Roosewelt Stadium de Jersey City, il saoûle de coups son rival américain, qui finit par abandonner à l'appel de la douzième reprise ! À son retour en France, il reçoit un accueil triomphal : Marcel Cerdan incarne le héros qui offre un peu de bonheur et de fierté à un pays qui en manque au lendemain de l'Occupation. Tel un libérateur, on le voit descendre les Champs-Élysées debout sur une décapotable qui peine à se frayer un chemin au milieu d'une foule en liesse.

Il remet son titre en jeu contre Jake LaMotta, le 16 juin 1949. Sur le ring de Detroit, le Français se déchire les ligaments de l'épaule gauche en glissant au sol dès la fin de la première reprise... Il poursuit avec bravoure, mais doit renoncer au dixième round. Une revanche se profile, six mois plus tard, au Madison Square Garden. Cependant, la « Môme », déjà présente à New York pour une série de récitals, le presse d'avancer son voyage. Le 28 octobre 1949, le vol Paris-New York à bord duquel a embarqué le Casablancais s'écrase aux Açores, sur le pic de Rotonda. Aucun des quarante-huit passagers du Lockheed Constellation ne survivra.

La disparition à l'âge de trente-trois ans de Marcel Cerdan est vécue en France comme un deuil national, brisant du même coup l'un des couples les plus légendaires du XXe siècle entre une chanteuse adulée et un champion adoré. Un an après la tragédie, en 1950, Édith Piaf rendra hommage à son amoureux en écrivant et en interprétant le poignant « Hymne à l'amour ».

Quant à la boxe française, elle vient de perdre son étoile la plus charismatique. Derrière lui, Alphonse Halimi sera le seul à capter un peu de lumière, en 1957, lorsqu'il deviendra champion du monde des poids coqs, au Vel'd'Hiv de Paris. Peu après, il ira conquérir le titre unifié à Los Angeles contre le Mexicain Raton Macias, ceinture dont il sera dépossédé dans la même ville par José Becerra, un autre Mexicain, en 1959. Après cette défaite, la boxe française mettra trente ans à reconquérir un titre de champion du monde. Trente ans à vivre dans la nostalgie d'André Halimi, cet homme qui boxait avec un short frappé de l'étoile de David et qui avait agrafé au fond de sa valise une photo de Marcel Cerdan, cette idole à jamais irremplaçable.

Affecté dans la Marine au début de la Seconde Guerre mondiale, Marcel Cerdan n'en poursuit pas moins sa progression de boxeur. En mai 1942, à Paris, au Grand Palais, il récupère entre deux rounds contre Fernand Viez.

Les Français ont toujours été attirés par la conquête des mers. Dans les années 1930, en plein essor des compétitions nautiques, la France a déjà derrière elle une longue tradition : l'Hexagone a accueilli sa première régate en 1840.

La voile

Depuis l'Antiquité et pendant de longs siècles, la voile s'est confinée dans sa première fonction : un moyen de transport. Les Hollandais ont inventé l'idée d'une compétition où se mesureraient les plus rapides des embarcations.

Au milieu du XVIIe siècle, le roi Charles II de retour de son exil en Hollande introduit la discipline en Angleterre. Plus tard, la voile sera exportée vers cette Amérique où la Couronne britannique étendra son empire, au siècle suivant. En 1851, le New York Yacht Club construit une goélette de trente mètres baptisée America. Le voilier met alors le cap sur l'Angleterre, où il remporte un trophée, la Coupe Hundred Guineas. En l'honneur de la goélette victorieuse, l'épreuve sera bientôt rebaptisée Coupe de l'America.

La mer n'est désormais plus seulement un espace à franchir pour les échanges commerciaux ou les conquêtes coloniales, elle est le berceau des duels sportifs. La Coupe de l'America est la première compétition officielle jamais créée sur la planète et l'un des plus prestigieux trophées à conquérir. Son mythe naissant va inspirer des générations de navigateurs français, notamment lors des jeux Olympiques du début du siècle. Des décennies plus tard, Éric Tabarly et son Pen Duick laisseront une empreinte indélébile sur la voile du XXe siècle.

À la fin du XIXe siècle, les régates de Nice sont une attraction majeure pour les amateurs de voiliers. Quelques-uns des plus beaux yachts du monde viennent croiser au large de la célèbre Baie des Anges.

Un étendard olympique

La voile est introduite aux jeux Olympiques dès 1900, à Paris, avec des épreuves réparties entre Meulan dans les Yvelines et Le Havre. Dans un sport dominé par les Britanniques, les Américains et les Scandinaves, les Français parviendront rarement à entre-

Absents des Jeux de Saint-Louis en 1904, les sports nautiques réapparaissent quatre années plus tard, à l'occasion des Olympiades de Londres. Désormais, les embarcations ne seront plus réparties dans les différentes régates au regard de leur volume intérieur, mais en fonction de la longueur de leur coque. Dès 1912, lors des jeux Olympiques de Stockholm, la délégation maritime française retrouve l'or dans la catégorie des 6 m. Cette année-là, à bord de Mac Miche, trois frères vont forcer les favoris suédois à abdiquer sur leurs eaux. Amédée, Gaston et Jacques Thubé écrivent alors l'une des plus belles pages de l'histoire du yachting français.
Il faudra attendre 1928 pour voir un autre équipage tricolore décrocher l'or, dans la catégorie des 8 m, à bord de l'Aigle VI. À cette époque, les voiliers à jauge commençaient à laisser place aux dériveurs, ces voiliers monocoques équipés d'un plan de dérive rétractable. Quant au nautisme français, son centre de développement ne se situe alors pas sur les rives de la Manche ou de l'Atlantique, mais… dans la capitale.

Une régate, au milieu du XXe siècle. L'origine du mot remonterait aux *regata* organisées à Venise dès le XIIIe siècle sur les canaux de la Cité des Doges.

voir la lumière. En 1900, Pierre Gervais, sur un bateau de 0,5 tonneau – une unité de mesure des capacités intérieures d'un bateau ; 1 tonneau équivaut à 2,83 m³ – offre au nautisme français la première médaille d'or de son histoire. Dans une catégorie supérieure (les 10-20 tonneaux), le pavillon tricolore flotte tout aussi fièrement avec la victoire de l'équipage français, emmené par Émile Billard.

Jean Peytel (à gauche) et Jean-Jacques Herbulot entourent le Dr Pierre Mathieu. À bord d'un voilier nommé Tramontane, ils participent en 1932 aux jeux Olympiques de Los Angeles.

Fondé en 1858, le Cercle de la Voile de Paris fournit à la fois les équipages et les bateaux des délégations françaises envoyées aux jeux Olympiques de Los Angeles de 1932, puis à ceux de Berlin, quatre ans plus tard. L'heure de gloire sonnera en Californie, avec la victoire de Jacques Lebrun dans l'épreuve des Finn, des petits bateaux de course. La médaille d'or s'offrait alors uniquement au vainqueur d'une série de... douze régates. Auréolé de la première place à l'issue de ces régates, le ciel s'abat sur Lebrun lorsqu'il se retrouve disqualifié pour une erreur de navigation dans la neuvième manche. Quelques heures plus tard, gagné par un sentiment de clémence, le jury décide de restituer au Français sa médaille d'or. Heureusement pour le nautisme tricolore car, après l'or de Lebrun, aucun voilier français ne fera retentir la Marseillaise aux jeux Olympiques jusqu'en... 1972 et la victoire à Munich de Serge Maury, ce Girondin qui l'emporta, revêtu de trois chandails gorgés d'eau afin de s'alourdir en vue de certaines manœuvres !

Au fil du temps, les voiliers deviennent des embarcations à la puissance redoutable.

Le mythe Tabarly

Peu d'hommes auront autant bercé l'imaginaire d'un pays qu'Éric Tabarly. Il était plus qu'un navigateur, plus qu'un sportif des mers. Il était de la caste des aventuriers et cette dimension en faisait le porte-drapeau de tous ceux qui se rêvaient capables, comme lui, de dompter l'océan. Le natif de Nantes est mort à l'âge de soixante-six ans, dans la nuit du 12 au 13 juin 1998, disparaissant au large du Pays de Galles alors que son équipage se dirigeait vers un rassemblement de voiliers en Écosse. Le navigateur mythique est mort en mer. Mort chez lui.

Éric Tabarly n'a pas plus de trois ans lorsqu'il ouvre les yeux sur le monde de la voile. Annie est le nom que porte le bateau familial sur lequel il passera sa petite enfance, bercé par les flots de l'Atlantique. En 1938, il a sept ans quand son père, Guy Tabarly, achète Pen Duick (tête noire, en breton), un bateau dessiné par l'architecte naval écossais William Fife III et qui finira... abandonné dans la vase.

En 1952, Éric Tabarly s'engage dans la Marine nationale et finance la restauration du navire familial. D'abord pilote d'avion lors de la guerre d'Indochine, il accède ensuite au grade de capitaine de corvette. Puis sonne l'heure de la compétition maritime. Son ambition ? Remporter la Transat anglaise, une épreuve qui, depuis 1960, relie Plymouth l'anglaise à Newport l'américaine. Pour cette course transatlantique en solitaire, le navigateur français conçoit Pen Duick II avec ses amis architectes Gilles et Marc Constantini. De l'idée à la réalisation sur un chantier de Lorient, dix-huit semaines à peine vont s'écouler. Sur ce voilier à deux mâts, long de 13,60 m,

La médaille d'or pour l'épreuve de voile décernée pendant les jeux Olympiques de Stockholm.

En 1976, dans un salon de l'Élysée, Valéry Giscard d'Estaing élève Éric Tabarly au rang d'officier de la Légion d'honneur. Douze ans après un premier triomphe, le Français vient de réussir l'exploit de remporter sa deuxième Transat anglaise en solitaire entre Plymouth et Newport. À la gauche du président de la République, la mère du champion des mers.

En 1968, Éric Tabarly (à gauche) se trouve à bord du Pen Duick III en compagnie de l'un de ses équipiers, Yves Guégan. Aux commandes de ce voilier long de 17,45 m, le grand navigateur nantais remportera neuf compétitions majeures, dont la célèbre course Sidney-Hobart en 1967.

avec des flancs en contre-plaqué marine, il imagine un plan de voilure souple, qui tirerait avantage des moindres sautes de vent. À l'intérieur de la coque, devant sa table à cartes, Tabarly a installé une selle de Harley Davidson pour mieux assurer ses appuis. Au-dessus de sa tête, il a fait poser une bulle de Plexiglas détachée d'un hydravion destiné à la casse. Ainsi pourra-t-il barrer, quelle que soit l'humeur du ciel. Concentré d'innovations, Pen Duick II fait figure de voilier révolutionnaire.

Le 23 mai 1964, jour du départ de la Transat, Tabarly n'a plus qu'à se jeter à l'eau. Mais au fil des premières manœuvres de la course, dans la baie de Plymouth, le Nantais voit s'échapper le petit trimaran britannique de Derek Kelsall. En une poignée de secondes, Tabarly réagit, déploie les voiles et se met à voguer férocement vers l'Amérique.

Sûr de la puissance de son bateau, le navigateur solitaire est parti pour une traversée magnifique de vingt-sept jours et trois heures. Le 18 juin, dans son dos, il entend un cri : « You are the first ! ». Oui, il sera bien le premier à franchir la ligne d'arrivée à Newport. Le sport français vient de se dégoter un nouveau héros. Un solitaire dont l'exploit face à toute une armada britannique change les regards sur la voile. D'un loisir nautique mineur, la voile vient de se muer en sport populaire.

Cheveux en bataille, barbe rebelle, pull à même la peau : la France se découvre une idole des mers. Éric Tabarly distille ses paroles avec parcimonie, ce qui lui vaudra le surnom de Sphynx de Bénodet. En ce début d'été 1964, il n'y en a plus que pour Éric

Tabarly. Paris Match consacre huit pages à sa victoire dans la Transat. Sur le pont de Newport, le champion maritime ne tarde pas à mesurer l'aura nouvelle qui l'escorte désormais. Il est une fierté nationale que l'on s'arrache jusqu'aux sommets de l'État. Il sera le premier sportif invité à l'Élysée. En 1965, un an après son triomphe transatlantique, le général de Gaulle le décore des insignes de chevalier de la Légion d'honneur lors du Salon nautique. Plus tard, sa deuxième victoire dans la Transat, en 1976, lui vaudra une ovation sur les Champs-Élysées… et le titre de sportif de l'année, décerné par L'Équipe, devant le cycliste belge Eddie Merckx et Niki Lauda, le pilote autrichien de Formule 1.

Mais c'est bien là, au cœur des années 1960, que se sera ouvert l'âge d'or d'Éric Tabarly. En 1967, son Pen Duick III remportera les neuf courses auxquelles il participera, dont la célèbre Sydney-Hobart. L'année suivante, avec Pen Duick IV, son nouveau multicoques, le Français bat le record de la traversée de l'Atlantique d'ouest en est en équipage. Au-delà de son palmarès, Éric Tabarly se veut le mentor d'une nouvelle génération de skippers, d'Alain Colas à Titouan Lamazou, en passant par Olivier de Kersauson, Marc Pajot ou Philippe Poupon. Éric Tabarly ou l'inoubliable phare d'une brillante école française du grand large.

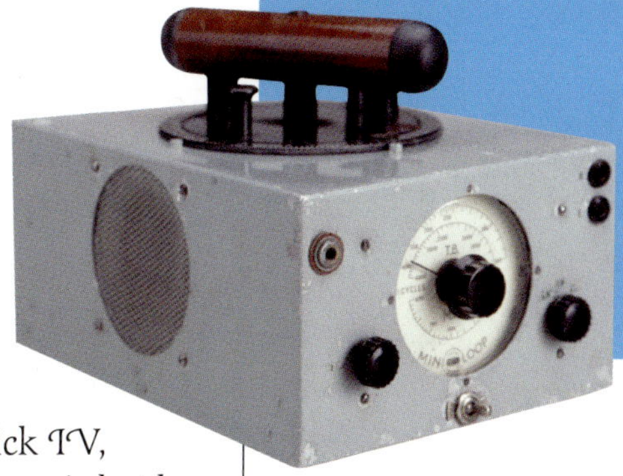

Ce radiogoniomètre est celui d'Éric Tarbarly.

En 1968, Éric Tabarly vogue avec son Pen Duick III dans les eaux bretonnes de La Trinité-sur-Mer. Construit à Lorient, ce voilier se distinguait notamment par sa coque innovante en aluminium. Déployées, ses voiles couvraient une surface de 152 m².

Pierre de Frédy, baron de Coubertin, est Parisien de naissance. Historien de métier, il aura consacré une grande partie de sa vie au sport. En 1892, il a même arbitré la première finale du Championnat de France de rugby.

Les jeux Olympiques

Devant son auditoire, Pierre de Frédy, baron de Coubertin, annonce son grand projet de faire renaître les jeux Olympiques. Cette scène historique se déroule à l'université de la Sorbonne, à Paris, le 25 novembre 1892.

Quatre ans après cette annonce, l'historien français fonde le Comité international olympique. La première vocation de cette structure est d'organiser la renaissance des jeux Olympiques, à Athènes, dans le théâtre des olympiades antiques. Suite au succès des Jeux finalement organisés en 1896, les Grecs s'attendent à hériter d'un statut d'organisateurs permanents. Mais Pierre de Coubertin a une conception trop universelle du sport pour souscrire à cette idée de monopole. Le baron entend surtout ériger Paris en capitale du monde sportif. En 1900, la capitale obnubilée par son Exposition universelle hérite de jeux trop désarticulés pour soulever les passions des foules. Ouverts le 14 mai, ils s'achèveront... le 28 octobre. Néanmoins, cette année-là, l'idéal olympique germe un peu plus.

Les héros de l'été

En 1900, les Jeux apparaissent à Paris comme la déclinaison athlétique de l'Exposition universelle. Il y a néanmoins une nouveauté majeure : contrairement à Athènes, ces Olympiades ouvrent leurs portes aux femmes. Elles sont 19 – dont 9 Françaises – soit une poignée de concurrentes au regard du contingent masculin, fort de 1 206 participants. Au fil de ces premiers jeux Olympiques de Paris se côtoient vingt disciplines, dont certaines

En 1892, le baron Pierre de Coubertin (assis à gauche) propose de faire renaître les jeux Olympiques. Son projet prend forme en 1894 avec la réunion du premier Comité international olympique, à Paris.

En 1923, une course de haies entre Françaises et Anglaises. Absentes des Jeux d'Athènes en 1896, les femmes seront autorisées à concourir quatre ans plus tard, à Paris.

ne survivront pas comme le tir à la corde ou le croquet. Ce jeu d'adresse, qui consiste à pousser une balle entre des arceaux à l'aide de maillets, se veut le premier tournoi olympique ouvert aux femmes.

Au fil de ces Olympiades parisiennes, les sportifs tricolores – qui sont les plus nombreux (491 sur 1225 engagés) – décrochent pas moins de 101 médailles, dont 26 médailles d'or. À commencer par celle de Michel Théato, qui remporte le marathon devant un autre Français, Émile Champion, malgré une température de 39 °C. D'aucuns penseront que Michel Théato, âgé de vingt-deux ans, a résisté à la canicule parce qu'il était boulanger. « Je suis ouvrier ébéniste à Saint-Mandé », assurera le médaillé d'or, sur la ligne d'arrivée.

Il faudra patienter douze années jusqu'aux Jeux de Stockholm pour que cette performance trouve un écho, certes moins jovial, lors de l'épreuve du 5 000 m. À l'entrée de la dernière ligne droite, Jean Bouin est en tête. Le Français allonge sa foulée et distance le Finlandais Hannes Kolehmainen. Il reste une poignée de mètres, Bouin va gagner ! Mais non ! Un ultime effort de son rival prive Bouin de l'or pour un dixième de seconde… « Je crois avoir manqué quelque peu de sang-froid sur la fin », déclarera le

À Vichy, en septembre 1941, se dispute le 800 mètres à la fête de l'athlétisme français. La Seconde Guerre mondiale conduira à la suspension des Jeux entre 1936 (Berlin) et 1948 (Londres).

Français. Un peu de sang-froid et un peu de souffle, aussi, peut-être, pour ce fumeur notoire…

La parenthèse de la Grande Guerre refermée, Pierre de Coubertin assiste à la cérémonie d'ouverture à Anvers. Mais le grand événement de ces Jeux est ailleurs : dans la victoire de Joseph Guillemot lors du 5 000 m, lui aussi face à un Finlandais, le légendaire Paavo Nurmi. Un triomphe qui donne une résonance singulière à la prédiction de Jean Bouin, après son échec de Stockholm. « Aux prochaines Olympiades, avait alors dit le Marseillais, un Français me vengera. »

Quatre ans plus tard, pour le retour des jeux Olympiques à Paris, c'est à l'extérieur des pistes d'athlétisme que les Français s'attacheront à briller. Dans les bassins tout d'abord, où l'équipe de France de water-polo remporte le tournoi ; sur les routes aussi avec la belle victoire d'Armand Blanchonnet dans le contre-la-montre cycliste. Il y a, également, ce triomphe de l'escrimeur Roger Ducret, qui décroche trois médailles d'or et deux d'argent. Les Tricolores font honneur à la devise olympique introduite lors de ces Jeux parisiens : « Citius, Altius, Fortius » (Plus vite, plus haut, plus fort). Ces 8e Olympiades sont les dernières parrainées par Pierre de Coubertin, qui estime avoir accompli son œuvre. L'engouement croissant pour les Jeux illustre sa réussite : quarante-quatre nations sont désormais représentées et pas moins de mille journalistes couvrent à Paris les exploits de stars du sport comme ceux du nageur américain Johnny Weissmuller. Les étoiles, oui, viennent souvent de loin lors des Jeux des Années folles. En 1928, Mohamed El Ouafi éclaire d'une frêle lueur le bilan de l'athlétisme français par sa victoire au marathon, tandis que Lucien Gaudin cultive le prestige de l'escrime nationale.

Les premiers Jeux organisés après la guerre sont attribués à Londres. La capitale porte encore en elle les stigmates des bombardements allemands… Et les athlètes de se retrouver hébergés dans des baraquements militaires ou dans des salles de classe aménagées pour l'occasion. Côté français, ces Jeux esquissent un renouveau dans le sillage de Micheline Ostermeyer, double médaillée d'or aux lancers du disque et du poids. Également auréolée d'une médaille de bronze au saut en hauteur, cette pianiste renommée, premier prix au Conservatoire de Paris, vit ces Olympiades britanniques comme une partition haut de gamme.

Un chronomètre de 1960.

En 1924, le départ du 100 mètres aux jeux Olympiques de Paris est donné sur la piste de Colombes. Le Britannique Harold Abrahams finira vainqueur en 10"6. Son histoire inspirera le film *Les Chariots de feu* (1981).

Le 12 septembre 1952, Alain Mimoun (à droite) participe au match d'athlétisme France-Finlande, à Colombes. Quatre ans plus tard, à 35 ans, le Français, né en Algérie, remportera le marathon à Melbourne face à son rival tchèque, Emil Zatopek.

17 octobre 1968, Mexico. La Française Colette Besson, radieuse, reçoit la médaille d'or du 400 mètres. Un jour de gloire pour la Charentaise de 22 ans.

En 1956, avec les Jeux de Melbourne, la France vibre au rythme des foulées d'Alain Mimoun. Magnifique destin que celui de l'enfant d'El Telagh, en Algérie, engagé dans l'armée française en 1939, et qui évitera de peu l'amputation de sa jambe gauche après une blessure ramenée de la bataille de Monte Cassino, en janvier 1944. Après la guerre, il était devenu garçon de café à Paris, au Racing Club de France à la Croix-Catelan, là d'où s'étaient élancés les quatorze marathoniens des Jeux de Paris en 1900.

Qui pouvait plus désirer ce marathon de Melbourne qu'Alain Mimoun ? Les précédentes olympiades l'avaient érigé en dauphin de son ami Emil Zatopek, autant à Londres, sur 10 000 m, qu'à Helsinki, sur 5 000 et 10 000 m. Mais là, il saura maintenir à distance le légendaire Tchèque. Ce jour-là, Mimoun est escorté de ces signes dans lesquels il convient toujours, après coup, de piocher des présages heureux : il portait le dossard n° 13, la course débuta à 15h13, et il apprit, la veille de la course, la naissance de sa fille, prénommée Olympe. Cette victoire de Mimoun reste un moment immense dans l'histoire de l'athlétisme français, qui en connaîtra peu d'autres jusqu'en 1968 à l'exception, cette année-là, de la victoire de Colette Besson à l'épreuve du 400 m. Ah, les femmes... C'est grâce à elles, souvent, que la France se prend à sourire dans les années 1960.

Quatre ans avant la brune Colette, le pays était tombé sous le charme d'une blonde, une nageuse de seize ans, Christine « Kiki » Caron, médaillée d'argent sur 100 m dos, à Tokyo. Sur la piste de Mexico, Colette Besson va devenir une autre ambassadrice de charme du sport français et dissiper, dans la mémoire nationale, le souvenir amer des échecs de Michel Jazy sur demi-fond (1500 m en 1960, à Rome; 5000 m en 1964, à Tokyo). Avec cette jeune sprinteuse de vingt-deux ans, l'athlétisme tricolore se réconcilie enfin avec les jeux Olympiques.

Les chaussures de course d'Alain Mimoun, dans les années 1950.

Lors des Jeux d'hiver de Grenoble, les épreuves de saut à ski sont organisées à Autrans et à Saint-Nizier. Cette discipline voit notamment briller le Tchèque Jiri Raska, qui repart avec deux médailles, l'une en or et la seconde en argent.

Les héros de l'hiver

En 1921, le CIO décide d'organiser la « Semaine internationale du sport de 1924 » à Chamonix. Rétroactivement, l'événement sera rebaptisé de jeux Olympiques d'hiver. Pierre de Coubertin, d'ailleurs, est présent dans la station alpine. Le baron observera un couple de patineurs – Andrée Joly et Pierre Brunet – décrocher la première médaille française (en bronze) dans cette déclinaison hivernale des Jeux.

Mariés dans la vie, Andrée Joly et Pierre Brunet deviennent les porte-drapeaux de l'olympisme hivernal français. Quatre ans après le baptême chamoniard, le couple atteint l'or, en danse sur glace, aux Jeux de Saint-Moritz (Suisse), avant de récidiver, en 1932, à Lake Placid aux États-Unis. Loin des patinoires, toutefois, le drapeau français peine à flotter dans ces premiers Jeux hivernaux d'avant-guerre.

L'homme qui va faire basculer le ski français se nomme Henri Oreiller. Né à Paris en 1925, le petit Henri ne tarde pas à développer un goût profond pour le risque. Pour preuve, l'écart monumental de quatre secondes et un dixième qui le sépare de son dauphin, l'Autrichien Franz Gabl, sur la ligne d'arrivée de la première descente de l'histoire des Jeux, en 1948, à Saint-Moritz. Le « Fou descendant » remportera aussi l'épreuve du combiné : il vient d'entrer avec éclat dans la légende du ski français.

Le nom de son héritier n'apparaîtra que douze ans plus tard, lors des Jeux de Squaw Valley, en Californie. À la veille de la

En février 1968, des patineurs s'entraînent au cœur de Grenoble sur un anneau de vitesse. La capitale des Alpes sera également le théâtre des épreuves de patinage artistique et de hockey sur glace.

Les jeux Olympiques d'hiver se déroulent à Chamonix en 1924.

descente, Adrien Duvillard est le favori. Mais c'est un autre Français, Jean Vuarnet, qui va capter la lumière au fil des courbes. Le natif de Tunis, dont la famille s'est installée à Morzine lorsqu'il avait un an, surprend tous ses adversaires par sa technique dite « de l'œuf », qui lui permet de pénétrer au mieux l'air. Autre innovation : sur la neige américaine, Vuarnet gagne avec des skis métalliques, mis au point par la firme Rossignol. Pour la première fois, des skis de course ont été réalisés dans un autre matériau que le bois.

La voie est ouverte pour l'ascension du ski alpin tricolore. En 1964, à Innsbruck, la France se délecte de l'incroyable doublé des sœurs Goitschel. D'Autriche, Marielle adresse une carte à leurs parents, restés à Val-d'Isère : « Nous sommes en forme, nous allons gagner, Christine et moi. » Un pressentiment de championnes. Le 1er février, la discrète Christine, l'aînée âgée de vingt ans, décroche la médaille d'or dans le slalom, devant sa sœur. Deux jours plus tard, l'exubérante Marielle, d'un an sa cadette, réplique : à elle l'or du slalom géant ; ce sera, à sa sœur, cette fois, de se contenter de l'argent. L'éblouissant doublé des sœurs Goitschel éclipse alors quelque peu la victoire d'un Français, François Bonlieu, dans le slalom géant. Surnommé « le Petit Prince des neiges », il perdra la vie dans une rixe sur la Croisette, à Cannes, en 1973.

En 1968, les Jeux de Grenoble doivent consacrer la santé éclatante du ski tricolore. Médaillé d'argent à Innsbruck, le patineur Alain Calmat a l'honneur d'embraser la vasque où brûlera la flamme olympique. Et le général de Gaulle de déclarer les Jeux ouverts. Tandis que Marielle Goitschel s'en va glaner l'or en slalom – que sa sœur lui avait soufflée à Innsbruck –, toute la France retient son souffle derrière un skieur de vingt-quatre ans, Jean-Claude Killy, qui l'a

La médaille du record du monde de l'heure à Stockholm, en 1913.

promis avant l'ouverture des Jeux, « il vient à Grenoble pour glaner trois médailles d'or ». Il faut croire que « Toutoune » est un homme de parole. Sur les pistes de Chamrousse, il règne sur les épreuves de ski alpin comme seul l'Autrichien et futur acteur Toni Sailer y était parvenu, en 1956, sur les versants italiens de Cortina d'Ampezzo. Descente, géant, slalom : rien n'échappe à l'appétit du Français. Il remporte la descente devant son compatriote Guy Périllat avec huit petits centièmes d'avance.

Mais sa victoire la plus incroyable surviendra en slalom. Parti en première position dans un épais brouillard, le natif de Saint-Cloud réalise un excellent chrono au terme des deux manches. Néanmoins, le Norvégien Haakon Mjoen s'avère plus rapide que lui. Quant à l'Autrichien Karl Schranz, après avoir affirmé qu'il avait été perturbé par une silhouette dans le brouillard, il est autorisé à repartir sous réserve d'enquête. Lorsqu'il franchit la ligne d'arrivée, Shchranz est deuxième, entre Mjoen et Killy. Mais le jury finit par disqualifier Mjoen qui a raté deux portes et voilà l'Autrichien qui se retrouve champion olympique, devant son rival français ! Coup de théâtre en début de soirée : Schranz est à son tour déclassé pour avoir également manqué deux portes ! Six heures après la fin de l'épreuve, Jean-Claude Killy hérite d'une troisième médaille d'or. C'est l'un des exploits mythiques du sport français.

Championne du monde du combiné en 1962 à Chamonix, Marielle Goitschel se révèle aux yeux du grand public lors des jeux Olympiques d'Innsbruck, deux ans plus tard. En Autriche, la Française de 18 ans se couvre d'or en géant (devant sa sœur Christine) et d'argent en slalom (derrière sa sœur Christine). En 1968, à Grenoble, Marielle parviendra à décrocher l'or en slalom.

Jean-Claude Killy restera à jamais dans la légende des jeux Olympiques après ses trois médailles d'or conquises à Grenoble en 1968. Descente, géant, slalom : rien ne résistera à l'appétit du Français de 24 ans.

Conception éditoriale : Éditions Cobra
Suivi éditorial : Céladon éditions
Conception et réalisation de la couverture : XKZ
Réalisation de l'intérieur : XKZ
Textes : Gabriel Konqui

Nos remerciements au Musée National du Sport pour son aimable collaboration.

Crédits photographiques :
Akg-images
Pages 11A (John Hios), 42, 44A, 45C, 46A, 52B, 69B, 75B (DPA).
Ullstein Bild/akg : Pages 71B, 19B, 30B, 41A, 50.
Ullstein Bild-Imagno/akg : Pages 33B, 34A.
Ullstein Bild/Metelmann [L]/akg : Pages 38A, 40A.

Coll. Musée National du Sport
Pages 11C (n° inv. 1920 87.8.1), 14B (n° inv. MS 1395), 16B (n° inv. 65.10.8), 17B (n° inv. MS 069), 19C (n° inv. 1990.151.1), 20B (n° inv. 1999.33.84), 51A (n° inv. 2007.100.31), 55A (n° inv. 2006.34.40), 60A (n° inv. 2002.110.9), 61A (n° inv. 1989.108.9), 72A (n° inv. 1994.51.1), 75A (n° inv. 1989.54.4).

Nicolas Kergozou/Coll. Musée National du Sport : Pages 7 (n° inv. 2007.99.1), 10B (n° inv. 1998.20.1), 10D (n° inv. 82.41.16), 11D (n° inv. 1990.74.3), 13A (n° inv. MS 6996), 14C (n° inv. 64.2.1), 15B (n° inv. MS 6973), 21B (n° inv. 2006.6.43.2), 23A (n° inv. 64.6.1), 24B (n° inv. 2006.3.29), 27A (n° inv. MS 687), 30C (n° inv. 2007.7.53), 33C (n° inv. 1992.46.9), 37B (n° inv. 2001.22.19), 41B (n° inv. 2007.7.15), 43A (n° inv. 1990.113.1), 44B (n° inv. MS 6998), 46B (n° inv 1990.113.1 et 2), 48B (n° inv. 1989.89.5), 49C (n° inv. MS 9314-1), 53A (n° inv. 2007.110.1-2), 57A (n° inv. 2002.106.2 et 1), 57A (n° inv. 2004.20.61), 67A (n° inv. MS 7100), 69A (n° inv. 66.2.1).

Gérard Poncet/Coll. Musée National du Sport : Pages 9A (n° inv. MS 2240), 10C (n° inv. 1991.5.1), 11F (n° inv. MS 579), 18A (n° inv. MS 6962), 28A (n° inv. 1992.99.10), 38B (n° inv. 2005.6.1), 59C (n° inv. MS 691), 63A (n° inv. MS 896), 65B (n° inv. MS 7098), 71A (n° inv. 1989.16.1), 73A (n° inv. MS 741).

L. Gauthier-Mairie de Bordeaux/Coll. Musée National du Sport : Pages 55B (n° inv. 2003.9.11).

Roger-Viollet
Couverture, gardes et pages 6, 8, 9B, 10A, 11E, 12 (ND), 16C, 17A, 18B, 20A, 20C, 21A, 22, 23B (Gaston Paris), 25B, 27B, 31 (Imagno), 32, 34B, 35, 36A, 36B, 37A, 39A, 39B, 40B, 45A, 47B , 49A, 49B (Studio Lipnitzki), 52A, 53B (FA), 55C, 58A, 58B, 59B, 60B, 63B (ND), 64A, 64B, 72B, 74A.
Maurice Branger/Roger-Viollet : Pages 11B, 13B, 14A, 15A, 24A, 45B, 47A, 51B, 56, 77.
Tony Burnand/Roger-Viollet : Pages 62, 65A.
Jacques Cuinières/Roger-Viollet : Pages 66A, 66B, 67B.
Albert Harlingue/Roger-Viollet : Pages 14D, 57B, 68, 70A, 74B.
LAPI/Roger-Viollet : Pages 5, 26A, 28B, 29B, 30A, 33A, 46C, 48A, 54B, 59A, 60C, 61B, 70B.
TopFoto/Roger-Viollet : Pages 25A, 26B, 29A, 54A, 72C, 73B.
Ullstein Bild/Roger-Viollet : Pages 16A, 19A, 43B, 52C, 75C.

Vive le sport - Collection Souvenirs d'en France

Dépôt légal : novembre 2008
N° ISBN : 978-2-917728-49-9

Achevé d'imprimer : Octobre 2008
Imprimé par : Pollina - France - L21643

54